KB039722

시민운동가와
변호사가
알려 주는

십 대 를 위 한

인 권
사 전

시민운동가와 변호사가 알려 주는

십 대를 위한 인권 사전

초판 1쇄 발행 2021년 02월 26일

글쓴이 전진한, 조수진

책임편집 이정미
편　　집 민가진
디 자 인 강혜린
마 케 팅 한소정
경영지원 구혜지

펴낸이 한혁수
펴낸곳 도서출판 다림
등　록 1997. 8. 1. 제1-2209호
주　소 07228 서울시 영등포구 영신로 220 KnK 디지털타워 1102호
전　화 (02) 538-2913 | **팩　스** (02) 563-7739
블로그 blog.naver.com/darimbooks
다림 카페 cafe.naver.com/darimbooks
전자 우편 darimbooks@hanmail.net

ⓒ 전진한, 조수진 2021

ISBN 978-89-6177-249-5 43300

* 이 책 내용의 일부 또는 전부를 사용하려면 반드시 저작권자와 도서출판 다림의 서면 동의를 받아야 합니다.
* 책값은 뒤표지에 있습니다.

전진한, 조수진

시민운동가와
변호사가
알려 주는

십 대 를 위 한

인 권
사 전

다림

고향인 대구에서 서울로 처음 취업했을 때를 잊지 못합니다. 활동가의 일을 시작하며 전화로, 대면으로 사람들을 만나면 왜인지 다들 웃곤 했습니다. 처음에는 대수롭게 않게 여기다가 시간이 지나면서 그것이 제 말투 때문이라는 것을 알게 되었습니다. 대구에서는 표준말로 통했던 말투가 서울에서는 특이한 사투리가 된 것이지요.

여러 활동으로 방송 인터뷰를 하면 통편집되는 것이 일상이었습니다. 흔히 말하는 '방송용 말투'가 아니었기 때문이지요. 심지어 투박한 말투 때문에 전화 응대가 불친절하다는 지적까지 받기도 했습니다. 대구에서는 이런 지적을 한 번도 받아 본 적이 없었던 터라 이 모든 일이 무척 억울하게 느껴졌습니다. 신입 활동가 시절 그렇게 몇 달 동안 말도 하지 못하고 큰 스트레스를 받았던 기억이 아직도 생생합니다.

서울말을 연습하고 또 연습해 비슷하게 따라 할 수 있게 되었을 무렵, 오랜만에 고향에 가자 이번엔 놀랍게도 친구들이 제 말투를 놀리기 시작했습니다. 서울깍쟁이가 다 되었다고 말입니다. 대구에서는 오히려 서울말을 특이하다고 인식한 것입니다. 같은 나라 안에서도 이렇게 차이를 쉽게 받아들이지 못하는데, 아마 해외 유학 경험이 있는 분들은 이보다 더 큰 문화적 충격을 받은 적이 있었을 것입니다.

이처럼 인간은 누구나 소수자의 경험을 하게 됩니다. 특히 피부색, 언어, 장애, 문화적 관습, 종교 등으로 말입니다. 제가 서울에서 지방 사투리를 구사하며 겪었던 일들 역시 소수자의 경험에 포함되지요. 소수자가 되어 보면 우리가 사는 세상에 존재하는 수많은 벽이 얼마나 높아 보이는지 알 수 있습니다.

인권 침해 역시 모두가 살면서 한 번쯤은 경험하게 되

는 일입니다. 법적으로 피해자가 되는 건 아닌데 묘한 모욕감과 부당함을 마주하게 되는 것이지요. 예를 들어, 저의 학창 시절을 떠올려 보면 좋은 기억이 별로 없습니다. 그 시절 학교는 교문을 통과하면서부터 하교할 때까지 선생님과 선배로부터 심한 체벌을 당하는 것이 일상적이었던 곳이었습니다. 당시만 하더라도 그것이 인권 침해라고 말할 수 있는 사람은 아무도 없었지요. 모두가 학생은 맞아도 되는 존재라고 생각했습니다.

그런데 학생인권조례가 제정된 현재, 대부분의 지역에서는 학생 체벌을 엄격히 금지하고 있습니다. 최근에는 민법 제915조에 명시되어 있던 '부모의 아동 체벌권'을 국회에서 폐지했습니다. 과거부터 '사랑의 매'라고 불려 왔던 부모의 체벌권도 아동 인권 침해라는 문제의식이 생겨나면서 우리 사회가 합의하게 된 것이지요. 이렇듯 인권의 범위가 점점 넓어지고 깊어지면서 인권 보호는 사람들이 모여서 평화롭게 살아가는 데 필요한 규칙과도 같은 역할을 하게 되었습니다. 따라서 인권은 꾸준히 공부하고, 체득해야 합니다.

이 책은 청소년들이 인권을 쉽게 이해하고, 무심코 한 행동이나 말로 인권 침해의 가해자가 되지 않도록 올바른

방향을 일러 줄 교과서 역할을 할 것입니다. 아울러 어떤 상황과 말들이 내 인권을 침해하고 있는 건지 판단할 수 있도록 도울 것입니다. 그리고 책 제목처럼 '사전'의 형식으로, 내용이 독립적으로 구성되어 있어 필요할 때마다 원하는 분야를 찾아 효율적으로 공부할 수 있습니다.

유독 우리나라 사람들은 '틀리다'와 '다르다'를 잘 구분하지 못합니다. 이 책을 통해 사람들 간의 차이를 '틀린' 것이 아니라 '다른' 것으로 받아들일 수 있기를 바랍니다.

저자를 대표해서

전진한

차례

노동

공익

경제

다문화 가정

권리

공권력

따돌림

로스앤젤레스 폭동

범죄자의 인권

마틴 루터 킹

불평등

문화적 관습

미투 운동

大 차별

종교

카더라 통신

주권

토마스 페인

ㅍ
편견

폭력

표현의 자유

ㅎ
헌법

혐오

ㄱ

임대인과 임차인

요즘 청소년들에게 장래 희망을 물어보면 건물주라고 답하는 아이들이 많다. '조물주 위에 건물주'라는 말이 생길 정도로 건물주는 아이, 어른 할 것 없이 모든 이들의 선망의 대상이 되었다. 우리 사회는 어떻게 하다가 건물주가 만물을 만든 조물주 위에 서게 된 걸까?

우선 건물주가 임대로 수익을 얻는 과정을 살펴볼 필요가 있다. 누구든 창업을 하려면 반드시 사업장을 구해야 한다. 사업자 등록증과 같은 각종 신고서에 사업장 주소를 신고하도록 되어 있기 때문이다. 그러니까 사업장을 구한다는 말은 곧 돈을 내고 특정한 장소를 빌려 쓰는 임차인이 된다는 뜻이다.

마음에 드는 장소를 찾아 임대인, 즉 건물주를 만나면 그때부터 현실이 만만치 않음을 느끼게 된다. 유동인구가 조금이라도 많은 곳이라면 임대료(보증금 및 임대료)는 수백만 원이 훌쩍 넘어가는데, 이때 임대인인 건물주는 임대료만으로도 큰 수익을 얻는 반면 임차인은 사무실에 앉아서 숨만 쉬어도 하루에 수십만 원이 나간다. 많은 이들이 건물주를 꿈꾸는 이유가 바로 여기에 있다. 안정적인 수입이 보장되어 비교적 쉽게 돈을 벌 수 있기 때문이다.

임차인의 경우 매달 임대료를 내야 하지만, 임대료가 높은 만큼 영업이 잘되어 막대한 수익을 올릴 수 있다면 괜찮다고 생각할 수 있다. 그러나 영업이 잘되어도 또 다른 문제가 발생하기도 한다. 재계약을 해야 할 시기가 다가올 때쯤 임대인이 임대료 인상을 요구하는 경우가 바로 그 예이다. 이 과정에서 임대인과 임차인의 의견 조율이 잘 되지 않으면 갈등이 발생하고, 너무 비싸진 임대료를 감당할 수 없는 임차인들은 결국 사업장을 비워 줄 수밖에 없게 되는 것이다.

이처럼 급격하게 인상된 임대료를 감당하지 못해 기존의 상인들이 떠나게 되는 사회 현상을 '젠트리피케이션gentrification' 또는 '둥지 내몰림 현상'이라고 한다. 젠트리피케이션은 '상류층 사람들'이라는 뜻을 가진 젠트리gentry에 어원을 두고 있다. 1960년대 런던 서부의 서민 주거 지역에 중산층이 대거 유입된 적이 있다. 쉽게 말해 빈민촌에 고급 아파트 단지가 들어선 것이다. 그 결과 기존의 저소득층 주민들은 치솟은 거주 비용을 감당하지 못하여 살던 곳에서 점점 밀려나게 되었고, 이러한 현상을 설명하기 위해 영국의 사회학자 루스 글래스Ruth Glass가 1964년 젠트리피케이션이라는 용어를 처음 사용했다.

최근 상가건물 임대차보호법이 개정되면서 임대 계약을 보장받는 기간이 5년에서 10년으로 변경되었다. 즉, 10년 동안만큼은 안정적으로 일할 공간을 확보할 수 있게 된 것이다. 임대료도 연간 5% 이상 인상할 수 없게 되었다. 물론 계약 기간이 끝난 후에는 적용되지 않는 법안이지만 이러한 법이, 재계약 시 건물주가 과도한 임대료 인상을 요구했을 때 임차인의 갑작스러운 경제적 부담 증가를 막아 줄 수 있는 보호 장치가 된다는 점에서는 임차인에게 큰 힘이 되지 않을까?

갑질과 감정 노동

사람들은 중요한 약속을 할 때 계약서를 쓴다. 부동산을 빌릴 때는 임대차 계약서를, 부동산을 사고팔 때는 매매 계약서를, 어떤 형태로든 일을 하게 될 때는 근로 계약서를 쓴다. 청소년일지라도 아르바이트를 하려면 근로 계약서를 써야 한다.

편의점에서 아르바이트를 한다고 가정했을 때, 근로 계약서에 점주는 '갑甲', 아르바이트생은 '을乙'이라고 지칭하며, 둘 사이를 '갑을 관계'라고 한다. 이때 계약서상 우위에 있는 사람은 당연 갑인 점주가 된다. 요즘 흔히 사용되고 있는 '갑질'이라는 말은 바로 여기에서 유래된 것이다. '갑'이라는 글자에 좋지 않은 행위를 비하하는 뜻을 가진 접미사 '질'을 붙여 만든 단어로, 갑이 되는 순간 을에게 여러 부당한 대우를 하는 것을 의미한다.

갑질은 우리 주변에서 아주 흔하게 일어나고 있다. 몇 가지 예를 들어 보자. 흔한 갑질 중 하나는 소비자의 갑질이다. 사려는 물건이 비싸면 비쌀수록 갑질은 더 많이 일어난다. 백화점에서 판매원들은 주로 '고객님'이라는 표현을 쓰면서 자신의 기분과 상관없이 항상 웃는 얼굴로 물건을 판매한다. 판매원이 친절하지 않다는 이유로 소비자가 컴플레인이라도 건다면 그 직원에게는 여러 불이익이 생기기 때문이다. 이러한 판매원의 약점을 잘 알고 있는 일부 악덕 소비자는 반말, 무리한 교환 요구, 고성, 폭력 등 온갖 행태로 판매원을 괴롭히기도 한다. 자신이 물건을 사 주는 소비자로서 갑의 위치에 있다는 것을 과시하고 악용하는 것이다. 그러나 이러한 행위들은 명백한 인권 침해이다.

고용주와 피고용인 사이에서도 갑질은 나타난다. 최근 어느 아파트의 경비원이 한 입주민의 지속적인 폭언과 폭행을 견디지 못하고 극단적 선택을 한 사건이 있었는가 하면, 몇 해 전에는 유명 항공사의 부사장이 기

내에서 제공하는 땅콩 서비스를 문제 삼으며 이륙 준비 중이던 비행기를 회항시키고 사무장을 비행기에서 내리게 한 사건으로 사회적 공분을 사기도 했었다. 특히 이 사건은 우리나라의 갑질 행태가 부각되며 일명 '땅콩 회항 사건'으로 세계적으로 보도가 되어 망신을 사기도 했다.

이러한 갑질 횡포에도 갑질을 당한 사람은 혹시나 자신에게 불이익이 생길까 두려워 기분이 나빠도 무조건 미소를 지으며 죄송하다는 말만을 반복해야 한다. 감정 노동은 여기서 발생하게 된다.

감정 노동이란, 자신의 감정 상태와 상관없이 직장 및 조직에서 원하는 감정 상태를 유지하는 것을 말한다. 가족 혹은 친구가 아프다는 연락을 받은 순간에도 갑질을 하는 고객을 웃으며 응대해야 하는 상황을 상상해 보면 감정 노동이 무엇인지 쉽게 알 수 있을 것이다.

갑질을 당하는 만큼 감정 노동의 강도는 높아지게 되고 이러한 상태가 지속되면 우울증, 불면증, 공황 장애 등이 생기기도 한다.

감정 노동의 피해가 알려지면서, 상하 관계를 만드

는 '갑을' 계약서 자체를 없애려는 시도가 생겨나고 있다. 서울시 성북구의 한 아파트에서 아파트 주민과 경비원 들이 '동행同幸 계약서'를 만들어서 작성한 것이 대표적인 예이다. 한자의 '함께 동' 자와 '행복 행' 자를 사용해 함께 행복하자는 의미로, 갑과 을의 수직적 관계가 아니라 친구 또는 파트너와 같은 수평적 관계로서 협력하자는 뜻이 담겨 있다.

갑질은 우리 사회에서 반드시 없어져야 할 구습이다. 따라서 이와 같은 노력과 관심으로 갑질 없는 건강한 사회를 만들어 나가야 한다.

장시간 노동

외국인들에게 한국에 와서 놀랐던 것이 무엇이냐고 물어보면, 식당이나 술집의 영업시간을 이야기하는 경우가 종종 있다. 우리나라는 다른 나라들과 달리 자정이 넘어도 영업을 하는 곳이 많기 때문이다. 가장 대표적인 곳이 편의점이다.

세븐일레븐7-Eleven은 세계적인 편의점 브랜드로 우리나라에도 많은 매장이 있어 한 번쯤은 이용해 본 경험이 있을 것이다. 그런데 이 편의점의 이름은 왜 '세븐일레븐'일까? 세븐일레븐은 오전 7시부터 오후 11시까지 영업한다는 의미를 가지고 있다.

처음에는 1927년 미국 텍사스주의 댈러스 지역에서 토템 스토어즈라는 이름으로 시작했다가 1946년부터 오전 7시부터 오후 11시까지로 영업시간을 바꾸면서 세븐일레븐이라는 이름을 사용하게 된 것이다. 당시 미국의 가게들은 대부분 오전 9시부터 오후 6시까지만 영업을 했기 때문에, 세븐일레븐의 영업시간은 아주 이례적인 것이었다. 게다가 1962년부터는 24시간 영업으로 바꾸어 사람들이 시간에 제약을 받지 않고 언제든 필요한 물건을 살 수 있도록 만들었다. 언제라도 시원한 음료수나 야식이 생각나면 가까운 편의점에 가기만 하면 되니까 사람들은 환호했다. 영업시간의 연장은 이처럼 획기적인 전략이었던 것이다.

그럼에도 외국에서는 아직까지 편의점을 제외하고는 오후 10시 넘어서까지 영업을 하는 가게는 찾아보기 힘들다. 번화가가 아니라면 보통 오후 6시 이후에는 영업을 종료하기 때문이다. 그런데 우리나라는 자정 넘어서까지도 문을 여는 가게들이 많고, 편의점뿐만 아니라 식당이나 술집도 24시간 영업하는 곳들을 어렵지 않게 찾아볼 수 있다. 그래서 외국인들은 한국에 오면 밤늦게까지 영업하는 가게들을 보며 놀라고, 한국인들은 외국에 가면 밤늦게까지 문을 여는 가게들을 찾기가 힘들어 불편함을 느끼게 된다.

그렇다면 오랫동안 영업하는 가게와 일정한 시간이 되면 영업을 끝내는 가게 중 어느 쪽이 좋은 걸까? 소비자 입장에서는 늦은 시간까지 문을 여는 가게가 있는 것이 더 편리하겠지만 장시간 일을 해야 하는 노동자의 입장에서 바라본다면 조금 다를 것이다.

장시간 노동은 우리가 생각하는 것 이상으로 건강에 악영향을 끼친다. 실제로, 야근을 많이 하는 사람은 그렇지 않은 사람에 비해 돌연사 및 뇌출혈 등에 노출될 가능성이 매우 높은 것으로 밝혀졌으며, 세계보건기구 산하 국제암연구소에서는 야근을 살충제 성분인 DDT와 나란히 '2군 발암 물질'에 분류하기도 했다. 이는 인체에 치명적인 발암 물질만큼이나 야근이 정신적·신체적 건강을 해칠 수 있다는 것을 의미한다.

물론 어쩔 수 없이 야근을 하게 되는 경우도 있다. 의사, 간호사, 소방관 등 생명이나 안전을 지키기 위해 일하는 직업을 가진 사람들이 그 예이다. 2019년 설 연휴 기간에 국립중앙의료원 윤한덕 중앙응급의료센터장이 사망했다. 사인은 과로사였다. 고[故] 윤한덕 센터장은 생전에 장시간 노동이 발생할 수밖에 없는 응급의료 현실을 개선하려고 헌신적으로 노력했던 인물이었기에 그의 죽음이 더욱 안타깝게 다가올 수밖에 없다. 응급의료 발전에 힘쓴 고인의 공로는 인정받았지만 여전히 사회 곳곳에 과도한 노동에 시달리는 이들이 많다는 것은 매우 슬픈 현실이다.

음식점과 같이 장시간 노동이 필수적이지 않은 업종이 오후 10시 이후에 영업을 하는 것은 불필요한 경우가 대부분이다. 따라서 종업원이라는 이유로, 그저 가게의 매출을 올리기 위해 건강이 망가지도록 일을 해야 하는 건 분명 차별적인 행위인 것이다.

사회 인식이 이와 같이 변하면서 2018년부터 근로기준법에는 일주일 동안 52시간 이상 노동을 하는 것을 금지시켰다. 사업장의 규모에 따라 순차적으로 시행하고 있으며, 규모가 있는 음식점도 2021년부터는 고용인원을 크게 늘리지 않는 이상 새벽까지 영업을 하는 것이 불가능하다.

빈곤

우리나라는 자본주의를 경제 체제로 운영하고 있다. 공산주의나 사회주의를 내세우는 국가들도 있지만, 사실상 자본주의를 완전히 금지하고 있는 나라는 없다고 봐야 한다. 대표적인 공산주의 국가인 북한도 배급제를 포기하고 사유 재산을 인정하고 있으며, 물건을 사고팔수 있는 시장인 장마당이 전국 곳곳에 존재하고 있다.

자본주의는 개인의 사유 재산을 인정하고 이를 국가나 다른 곳에서 침범하지 못하도록 기본권으로 인정하는 것을 말한다. 쉽게 말해 돈과 현물(토지, 건물, 보석 등)을 개인의 것으로 인정하는 제도라는 것이다.

자본주의 체제의 큰 문제 중 하나는 절대적 빈곤과 상대적 빈곤이 발생한다는 것이다. 같은 서울에 살아도 누구는 20억 원이 넘는 아파트에 살고, 누구는 20만 원씩 월세를 내며 좁은 고시원에서 살아간다.

사는 곳만이 문제가 아니다. 질병에 시달리거나 사고를 당했을 때 돈은 곧 생명이 되기도 한다. 세계적으로 우수하다고 알려져 있는 의료 보험 제도를 갖춘 우리나라에서도 큰 사고가 나면 치료비는 수천만 원이 훌쩍 넘는 경우가 많다. 이때 돈이 없다면 수술은 물론이고 간단한 처치조차 받을 수 없는 상황에 놓이게 되는 것이다. 이처럼 빈곤은 삶의 질을 떨어뜨릴 뿐만 아니라 생명을 위협하기도 한다.

무엇보다 심각한 문제는 바로 이 빈곤이 대물림된다는 점이다. 빈곤층 가정에서 살아가는 자녀들은 제대로 된 교육을 받기 어렵고, 그렇다 보니 사회에 나와서도 의사, 약사, 변호사, 판검사 등 흔히 말하는 '인정받는' 직업을 가지지 못할 가능성이 크다. 의학대학, 약학대학, 로스쿨 등을 다니려면 학비와 부대 비용을 포함해 연 수천만 원이 드는 경우가 대부분이기 때문이다.

그래서 국가는 빈곤으로 인해 발생하는 이러한 문제점을 해결하기 위해 빈곤층에 많은 지원을 한다. 일례

로 2012년부터 '아동의 빈곤 예방 및 지원 등에 관한 법
률(아동빈곤예방법)'을 시행하고 있는데, 이 법안의 기본
이념으로 아래와 같은 표현을 하고 있다.

　이 법은 빈곤 아동이 부모의 사회적·경제적 지위와 상
　관없이 태어나서 자립할 때까지 충분한 역량을 갖출 수
　있도록 균형 있고 조화로운 성장과 건강하고 행복한 삶을
　누릴 수 있도록 하는 것을 기본 이념으로 한다.

　빈곤의 대물림에 대한 문제를 제기하면서 국가의 책
무를 이야기하고 있는 것이다.

　미국에는 어퍼머티브 액션Affirmative Action이라는 정책
이 있다. 교육과 고용에 있어서 소수 계층을 우대하는
정책이다. 대학에 입학할 때나 공무원 및 공기업 채용
시 소수 인종, 여성, 장애인 등에게 혜택을 주는 것이다.
우리나라의 경우 대학 입시 농어촌 특별 전형이나 장애
인 특별 전형이 이에 해당한다고 볼 수 있다. 이러한 정
책은 사회적 빈곤 문제를 해결하는 거시적인 정책이라
고 할 수 있다.

빈곤은 개인의 능력 탓이 아니다. 빈곤은 가정에서 시작되며 가정 환경은 태어날 때부터 결정된다. 따라서 국가는 빈곤한 사람들이 최소한의 인간적인 생활을 할 수 있도록 법을 제정하고 예산으로 지원해 주어야 한다. 경제적 양극화가 심해지면 각종 범죄, 테러 등으로 국가 안위 자체가 위험해질 수도 있기 때문이다. 즉, 구조적인 빈곤을 해결하는 것은 국가의 의무이다.

급격히 인상된 임대료를 감당하지 못해 기존의 상인들이 떠나게 되는 사회 현상은 '젠트리피케이션'. / 갑질이란 상대적으로 우위를 차지하고 있는 사람이 자신의 신분이나 지위를 내세워 하는 부당 행위. / 장시간 노동은 단순한 피로를 넘어 건강을 위협하는 요인. / 구조적인 빈곤 퇴치는 국가의 의무.

불심 검문

불심 검문이란 경찰관이 거동이 수상한 사람을 멈춰 세
워 질문하는 것을 말한다. 우리나라의 경찰관직무집행
법에 의하면, 경찰관은 수상한 행동을 하거나 그 밖의
주위 사정을 합리적으로 판단하여 볼 때 어떠한 범죄를
준비하거나 범행 후의 범인으로 보이거나 범죄 정보를
아는 사람으로 보이는 자를 발견했을 때는 '정지'시켜
서 '질문'할 수 있다고 규정하고 있다.

범죄를 발견하고 증거를 수집하는 활동을 '수사'라

고 하는데, 수사를 개시하려면 수사 기관이 범죄 혐의를 알아차리게 되는 '수사의 단서'가 있어야 한다. 고소가 범인의 처벌을 요구하는 피해자에 의해 얻는 수사의 단서라면, 불심 검문은 수사 기관 스스로 얻는 수사의 단서에 해당한다. 그러니까, 불심 검문은 범인을 잡을 수 있는 계기가 되기도 하고 범죄를 사전에 막을 수 있는 예방책이 되기도 하는 것이다.

범죄가 예방된다면 문제될 것이 없다고 생각할 수도 있다. 그런데 조금만 달리 생각해 보면 불심 검문은 아직 아무런 범죄가 일어나지 않았는데도 지나가는 사람에게 '서라', '대답해라' 하며 강제력을 행사하는 것이다. 즉, 공권력에 의한 인권 침해가 일어날 가능성이 큰 것이다.

우리나라는 헌법 제12조 1항에서 '모든 국민은 법률에 의한 것이 아니라면 수색 또는 심문을 받지 않는다.'고 규정하며 신체의 자유를 보호하고 있다. 상상해 보자. 아무런 범죄 행위도 하지 않았는데 갑자기 경찰관이 길 가던 나를 불러 세워서 범죄자 취급을 하고 내 가방을 마구 뒤진다면 어떨까? 기분 좋게 친구를 만나러나왔다가도 기분이 상해서 그만 집에 돌아가고 싶어질 것이다. 게다가 이러한 불심 검문이 길거리에서 함부로 이루어지기라도 한다면 아무리 잘못이 없는 사람이라도 무섭고 두려울 것이다.

실제로 불심 검문은 과거 독재 정부 시절에 시위가 많이 벌어지는 광장 같은 특정 장소로 이동하는 국민들을 막고 위협하는 수단으로 악용되기도 했다. 이렇듯 불심 검문은 양날의 칼일 수밖에 없다. 범죄자를 미리 잡아내어 사회 안전을 지키기 위해서는 필요하지만, 선량한 국민의 신체의 자유를 침해할 수도 있는 것이다.

그렇다면 어떻게 해야 할까? 우리가 꼭 해야 할 일은 경찰이 할 수 있는 불심 검문의 한계가 어디까지인지를 정하는 것이다. 그 결과, 현재 불심 검문의 한계는 다음과 같다.

경찰관직무집행법에 따르면 경찰관은 질문을 할 때 자신의 신분을 표시하는 증표를 제시하면서 소속과 성명을 밝히고, 질문이나 동행의 목적과 이유를 설명해야 한다. 또한 동행을 요구하는 경우에는 동행 장소를 밝혀야 한다. 뿐만 아니라 사람을 멈춰 세운 바로 그 장소에서 질문을 하는 것이 그 사람에게 불리하거나 교통에 방해가 된다고 인정될 때는 범죄를 밝히기 위한 질문을 하기 위한 목적으로 가까운 경찰서나 파출소로 가서 여섯 시간 한도 내에서 머물 것을 요구할 수 있지만 그 사람이 가기 싫다고 거절하면 경찰서로 데려갈 수 없다.

경찰관이 지나가는 사람의 짐이나 주머니를 검사하는 소지품 검사는 어디까지 허용될 수 있을까? 법에 의해, 흉기나 폭탄을 가지고 있다는 의심이 들 때에 한해서 경찰관은 소지품 검사를 할 수 있다. 하지만 그 외의 경우에 소지품을 강제로 열어서 검사하는 것은 모두 불법이며 옷 위를 손으로 더듬어 확인하는 것만이 가능하다. 이것을 '스톱 앤드 프리스크Stop and Frisk'라고 하는데, 공항에서 출입국 심사를 할 때 흔히 쓰는 방식이다. 따라서 내가 흉기나 폭탄을 가졌다는 의심을 살 만한 행동을 하지도 않았는데 경찰관이 내 가방을 열어 보겠다고 한다면 그건 엄연히 신체의 자유를 침해하는 행위이니 단호하게 거절하면 된다.

시민 불복종

시민 불복종은 국가의 법, 또는 정부나 지배 권력의 명령이 부당할 때 이를 공개적으로 거부하는 것을 말한다. 말하자면 법을 고의적으로 위반해서 사람들의 문제 의식을 일깨워 그 부당성을 호소하는 행위이다. 시민 불복종이라는 개념을 처음으로 사용한 사람은 미국의 사상가이자 시인인 헨리 데이비드 소로Henry David Thoreau 이다. 그는 1849년 자신의 논문인 〈시민 불복종의 의무〉에서 옳지 못한 국가 권력에 대해 시민이 불복종할 권리가 있다고 주장했으며, 노예제를 지지하는 정부에 대항하여 세금 납부를 거부했다.

시민 불복종은 마하트마 간디Mahatma Gandhi의 비폭력 독립 운동에도 영향을 주었다. 1869년 인도에서 태어난 간디는 영국에서 법을 공부한 후 변호사가 되어 남아프리카 공화국에 갔다. 그런데 남아프리카 공화국의 한 기차에서 일등석 표를 가지고 있었음에도 유색 인종이라는 이유로 부당하게 기차 밖으로 쫓겨나는 일을 겪게 된다. 이 사건을 계기로 각성한 그는 45세가 되던 해에 인도로 돌아와 영국의 부당한 식민 지배에 맞서 인도 독립 운동을 펼치게 된다.

　대표적인 것이 1930년에 벌인 '소금 행진'이다. 영국은 인도 사람들이 사용하는 모든 물건에 과도한 세금을 부과해 돈을 거두어 갔는데, 그중에서도 특히 소금은 채취하지도, 판매하지도 못하도록 막아 무조건 영국산 소금만 살 것을 강요했다. 그러던 어느 날 영국이 소금에 대한 세금을 무려 두 배나 올리자 이에 저항하기 위해 간디는 내륙에서 바다까지 25일간 380킬로미터를 걸어 마침내 바다에 도착했다. 그러고는 소금기가 밴 진흙을 손에 쥐고 말려 몇 알의 소금을 만들었다. 행진을 시작할 때 그의 뒤를 따라 걷던 78명의 사람들은 여정이 끝날 즈음엔 수만 명으로 늘어나 있었으며, 이를 계기로 인도 사람들은 해안에서 스스로 소금을 만들기 시작했다. 간디의 소금 행진이 모두를 감동시키고 불복종할 수 있는 용기를 준 것이다.

　간디는 이런 명언을 남기기도 했다.

　"비폭력은 인류가 활용할 수 있는 가장 강력한 힘이다."

1999년 4월 18일 미국의 시사 주간지 〈뉴욕타임스The New York Times〉는 지난 1천 년간 최고의 혁명으로 간디의 비폭력·불복종 운동을 선정했다.

도청

도청이란 타인의 대화, 통화 내용 등을 엿듣거나 동의 없이 녹음하는 행위를 말한다. 요즘은 핸드폰에 녹음 기능이 있어서 누구나 손쉽게 녹음을 할 수 있다. 그러나 도청 행위는 통신비밀보호법에 의해서 처벌될 수 있는 범죄 행위이다.

범죄 수사, 국가 안보, 대테러 활동 등 정말 필요한 경우에 한해서 경찰이나 검찰이 엄격한 법적 절차를 거쳐 법원의 허가를 받은 이후에만 몰래 듣거나 녹음하는 것이 허용되고 있다. 이렇게 법원의 영장을 받고 합법적으로 도청하는 것은 '감청'이라고 부른다.

만약 법원의 허가를 받지 않고 불법으로 도청을 했을 경우에는 법적 증거로도 효력이 없다. 재판에서 증거로 쓸 수 없다는 것이다. 법을 어기고 수집한 증거라고 보기 때문이다.

도청은 왜 법으로 엄격하게 금지하는 걸까? 역사적으로 남의 대화를 엿듣는 일은 주로 권력 기관에 의해서 다른 편을 탄압하기 위한 하나의 방법으로 이용되어 왔기 때문이다.

이와 관련된 가장 유명한 사건으로 1972년 미국에서 일어난 '워터게이트Watergate Affair 사건'이 있다. 이 사건은 미국 정부가 베트남전을 반대하는 민주당을 탄압하기 위해 워싱턴의 워터게이트 호텔에 있는 민주당 사무실에 도청 장치를 설치한 사건을 말한다. 처음에는 단순 절도 사건으로 취급되었지만 진실은 점점 모습을 드러내기 시작했다. 얼마 지나지 않아 미국의 중앙정보국CIA과 정부 고위 공무원이 개입된 것이 밝혀졌고, 닉슨Richard Milhous Nixon 대통령이 사건의 배후에 있다는 사실이 드러났다. 이는 당시 미국 사회에 커다란 충격을 주었던 사건으로 결국 닉슨 대통령이 사퇴까지 하게 된 초대형 정치 스캔들이다.

바로 이 워터게이트 사건 이후부터 부정행위나 비리, 추문 같은 정치적 사건을 부를 때 사건을 일으킨 사

람이나 핵심이 되는 단어 뒤에 '게이트'를 붙여 부르게
된 것이다.

불심 검문은 경우에 따라 사회 안전을 지키려는 공권력과 국민의 신
체의 자유라는 두 가치를 충돌하게 만듦. / 국가의 법 또는 정부나
지배 권력의 명령이 부당할 때 이를 공개적으로 거부하는 것이 시민
불복종. / 통신비밀보호법에 의해 도청 행위는 범죄 행위로 간주.

위키리크스

2006년 어느 날 모든 부조리를 세상에 폭로하겠다며 등장한 단체가 있다. 바로 고발 전문 웹사이트인 '위키리크스Wikileaks'이다. 이 단체를 창립한 사람은 줄리언 어산지Julian Paul Assange로 밝혀졌으나 그 외 다른 운영자들은 누구인지 알려진 바가 없다. 위키리크스에 공익 제보를 하는 제보자 또한 철저히 비밀에 부치고 있어, 운영자들조차 제보자가 누구인지 알지 못하는 상태에서 제보받은 내용의 사실 여부를 자체적으로 검증한다고 한다.

2010년 4월, 위키리크스는 2007년 7월 12일 미군 헬기가 바그다드를 공습하는 비디오를 공개했다. 이 자료는 비밀 기록이었지만, 내부 고발자의 제보로 위키리크스를 통해 세상에 드러났다. 이 공습으로 로이터 통신 기자 두 명을 포함하여 10여 명의 무고한 민간인 사상자가 발생했으며 이 중에는 어린이도 있었다. 미국 정부가 전쟁 중에 발생하는 민간인 피해를 두고 '부수적 피해collateral damage'라고 지칭했던 것에 빗대어 위키리크스는 이 영상을 '부수적 살인'이라고 이름 붙여 세상에 공개했다.

또 2010년 11월에는 '1996년부터 2010년 말까지 미국무부가 전 세계 274개 미 대사관과 주고받은 공식 외교 문서'라는 설명이 붙은 220개의 문서를 폭로했는데, 이 문서에는 미국의 민낯을 볼 수 있는 중요 문서가 다수 포함되어 있어 당시 미국을 난처하게 만들기도 했다.

위키리크스의 이러한 활동은 세상에 큰 충격을 주었다. 공익 제보자의 신상이 철저히 보호될 때 어떠한 자료가 공개될 수 있는지 여실히 보여 주었기 때문이다.

이와 비슷한 활동을 하는 개인도 있다. 영화 〈스노든〉의 실존 인물로 전 세계 대중들에게 알려진 에드워드 조지프 스노든Edward Joseph Snowden이 바로 그 예이다. 미국 중앙정보국과 미국 국가안전보장국NSA에서 일했던 컴퓨터 기술자 스노든은 미국이 테러 방지를 명분으로 국적과 신분을 가리지 않고 사람들을 도청 및 사찰 하고 있다는 사실을 폭로했다. 실제 그가 폭로한 문서에는 전 세계 122개국 대통령과 정치적으로 영향력 있는 고위층 인사들을 도청한 자료들이 있었다.

스노든이 밝힌 또 하나의 충격적인 사실은 미국 국가안전보장국이 엑스키스코어XKeyscore라는 프로그램을 사용해 전 세계 모든 사람들의 인터넷 활동 정보를 검색 및 분석하고 있다는 것이었다.

위키리크스와 스노든을 통해 전 세계 사람들이 이렇게 심각한 사실들을 알 수 있게 되었지만 기밀을 폭로한 이들의 삶은 그리 순탄치만은 않았다. 줄리언 어산지는 각종 대사관을 전전하며 수년 동안 도피 생활을 이어 가다 2019년에 끝내 체포되었고, 스노든은 미국을 떠나 홍콩을 거쳐 현재 러시아로 망명했다.

이들은 공익을 위해 위험을 무릅쓰고 전 세계를 위협하는 각종 범죄와 비리에 대해 폭로했지만, 이제 이들에게 남은 것은 감시자들을 피해 평생 살아가야 하는 삶뿐이다. 감시자들을 폭로한 대가로 또 다른 감시를 받는 상황에 놓이게 된 것이다.

전쟁 범죄

전쟁은 모든 것을 파괴한다. 전쟁의 참상을 가장 잘 보여 주는 곳은 아마도 일본일 것이다. 2차 세계 대전이 끝나 갈 무렵인 1945년 8월 6일 오전 8시 15분, 미국은 B29 전폭기에 실린 U-235 원자 폭탄, 일명 리틀 보이little boy를 히로시마에 투하했다. 이로 인해 공식적으로 7만여 명이 즉사했으며 폭탄은 떨어진 지점의 반경 2킬로미터 이내에 있는 모든 것을 다 녹여 버렸다. 이어 사흘 뒤인 8월 9일, 미국은 나가사키에 두 번째 원자 폭탄을 투하했고 약 4만여 명이 목숨을 잃었다. 두 차례의 원자 폭탄 투하 끝에 일본 일왕이 무조건 항복을 선언하면서 2차 세계 대전이 종결되었으며, 이날은 우리나라의 광

복절이 되었다.

2차 세계 대전 당시 일본이 저지른 만행은 용인하기가 어려운 수준이었다. 특히 1937년 12월 13일, 중일 전쟁 중 일본군이 중국 국민 정부의 수도였던 난징을 점령해 약 6주 동안 대량 학살과 강간, 방화 등을 저질렀던 '난징 대학살'은 '인간 도살'이라고 불릴 정도로 잔악함이 극에 달했던 사건이었다. 정확한 피해자 수는 확인할 수 없지만, 적어도 20만~30만 명의 중국인이 잔인하게 살해당했을 것이라 추정하고 있다.

수많은 전쟁을 일으키면서 이렇게 끔찍한 만행을 저지른 일본에게서 항복을 이끌어 냈다고 하더라도 미국이 두 차례에 걸쳐 일본에 원자 폭탄을 투하한 행위를 결코 정당화할 수는 없을 것이다. 그 도시 안에는 어린이, 노인 등 전쟁과는 아무런 상관이 없는 수많은 민간인들이 있었기 때문이다. 게다가 히로시마와 나가사키에 있었던 약 10만여 명의 한국인들이 방사능에 피폭되었는데, 이는 일본 제국주의의 피해자인 무고한 한국인들이 원자 폭탄의 피해까지 입은 것이다. 심지어 당시 생존자들뿐만 아니라 그들의 자녀 세대에도 방사능의

후유증이 대물림되어 수많은 질병에 시달리며 살아야 했으니 그 피해는 이루 말할 수 없을 정도의 수준이다.

프랑스의 사상가이자 소설가인 장자크 루소Jean Jacques Rousseau는 그의 저서 《사회계약론》에서 이렇게 말했다.

"전쟁이란 인간 대 인간의 관계가 아니라 국가 대 국가의 관계로서, 전쟁을 할 때 개인들은 인간이나 심지어 시민으로서가 아닌 병사로서, 조국의 구성원으로서가 아닌 조국의 수호자로서 우연히 적이 될 뿐이다. (…) 전쟁의 목적은 적국을 무너뜨리는 것이므로 적국의 방어자들이 손에 무기를 들고 있는 한 그들을 죽일 권리가 있다. 하지만 무기를 내려놓고 항복해 적 또는 적의 앞잡이이기를 그치자마자 그들은 다시 한낱 인간으로 되돌아가기 때문에 우리는 그들의 생명에 대한 권리를 더는 갖지 못한다."

이러한 사상을 바탕으로 전쟁에서 벌어지는 범죄를 예방하고 희생자를 보호하기 위해 스위스 제네바에서

....

* 장 자크 루소(이재형 옮김), 《사회계약론》, 문예출판사, 2013

1864년부터 1949년까지 네 차례에 걸쳐 맺어진 국제 조약이 바로 '제네바 협약'이다. 1949년에 채택된 네 가지 조약은 다음과 같다.

1차 전장에 있는 군대의 병상자의 상태 개선 조약
2차 바다에 있는 군대의 병상자와 난선자의 상태 개선 조약
3차 전쟁 포로 대우에 대한 조약
4차 전시에서의 민간인 보호에 대한 조약

난징 대학살, 원자 폭탄 투하 등의 사태가 발생했을 때만 해도 전쟁 중에 민간인을 보호해야 하는 의무는 없었다. 하지만 제네바 협약이 체결된 이후 전쟁 중 민간인 보호의 의무가 생겼고, 이는 반드시 지켜져야 하며 어길 시 처벌까지도 이루어질 수 있는 국제법상 효력을 갖게 되었다.

사회주의와 자본주의

전 세계 근대사를 이루는 중요한 사상의 뿌리 중 하나

는 사회주의와 자본주의이다. 아주 간단히 말하면 사회주의는 공동체를 중요시하는 사상이고, 자본주의는 개인의 선택을 더 강조하는 사상이라고 볼 수 있다.

우리가 살아가기 위해 가장 필수적이라고 할 수 있는 교육과 의료를 떠올려 보자. 우선 교육을 통해 지식을 쌓고 배우는 것이 오직 개인에게만 이득이 되는 것이라고 생각할 경우 교육비는 개인이 부담하는 것이 원칙이다. 그러나 개인이 교육받는 것을 앞으로 우리 사회를 이끌어갈 인재 양성을 위한 하나의 과정이라고 본다면 교육비는 국가가 책임을 지는 것이 원칙이다.

의료도 마찬가지이다. 아픈 것을 개인적인 일로 보고 치료비 역시 개인이 알아서 해결해야 한다고 보는 것이 자본주의적 관점이라면 사회주의에서는 돈이 없어서 개인이 아프다면 그것을 단순히 개인의 불행만으로 여기지 않고 사회적 불행으로 발전할 수도 있다는 점을 감안하여 국가에서 어느 정도 책임을 지고 치료해주어야 한다고 본다. 그래서 자본주의 사회의 대표 격인 미국에서는 개인이 아프면 그 비용이 아무리 비싸더라도 개인이 알아서 치료비를 지불해야 하고 쿠바와 같은 사회주의 국가에서는 개인이 아프면 국가가 나서서 모든 치료비를 지원해 주는 것이다.

사회주의는 공산주의와 사회민주주의로 분파되기도 했다. 공산주의는 원칙적으로 사유 재산 및 개인 간 거래를 금지하지만 최근에는 이런 극단적인 공산주의를 시행하고 있는 나라는 거의 없다. 북한조차도 우리나라의 시장과 같은 장마당에서 개인 간 거래를 하고 있는 실정이니 말이다.

반면 유럽식 사회민주주의를 채택하고 있는 국가는 굉장히 많다. 사회민주주의는 진화된 사회주의의 한 형태로 개인의 사유 재산을 인정하고 정치 체제는 민주주의 제도를 선택하지만, 사회 정책적인 면에서는 사회주의 제도를 유지한다. 독일이나 프랑스만 보더라도 대학교 학비가 매우 저렴하거나 무상인 경우가 많다는 것을 알 수 있다.

여기에서는 사회주의와 자본주의에 대해 간단히 살펴보았지만, 사회주의와 자본주의는 사실 아주 복잡한 사상적 체계가 근간을 이루고 있다. 따라서 이것은 인류가 존재하는 한 영원한 숙제로 남을 것이다. 개인의 자유와 선택, 공동체적 사상, 이 중 어느 것을 더 중요하게 여겨야 하는지는 결코 쉬운 문제가 아니기 때문이다.

내부 고발자는 공익을 위해 기밀을 외부에 폭로하지만, 그 대가로 감시자들의 감시를 받게 되는 상황에 놓이게 됨. / 스위스 제네바 협약을 통해 전쟁 중 민간인을 보호해야 하는 의무가 생김. / 사회주의는 공동체 이익, 자본주의는 개인의 선택을 중시하는 사상이라고 볼 수 있지만, 복잡한 사상적 체계가 근간을 이루기에 무엇이 더 옳다고 말할 수는 없음.

권리

건강할 권리

만약 우리가 건강하지 못하다면, 그것은 개인의 책임일까, 사회의 책임일까? 아마도 대부분의 사람들은 '내가 건강 관리를 소홀히 해서', '유전이 되는 질환이기 때문에'라며 지극히 개인적인 부분에서 원인을 찾으려 할 것이다. 그러나 그 원인이 단순히 개인에게만 있다고 단정 지을 수는 없다. 설령 개인이 유전 질환이 있다고 하더라도, 그 유전의 시작으로 거슬러 올라가 보면 질환이 사회적 요인에서 비롯되었을 수도 있기 때문이다.

개인이 건강을 위해 아무리 좋은 음식을 많이 먹고 열심히 운동을 해도 수도로 오염된 물이 공급된다면 이러한 노력은 아무런 의미가 없어지는 것처럼 말이다.

우리나라 헌법 제34조에서는 '모든 국민은 인간다운 생활을 할 권리를 가진다.'고 규정하고 있으며, 1948년 선포된 세계인권선언 제25조에서는 '모든 사람이 의식주, 의료 및 필요한 복지를 포함하여 자신과 가족의 건강과 안녕에 적합한 생활 수준을 누릴 권리와, 실업이나 질병, 장애, 배우자의 사망, 노령 또는 기타 불가항력의 상황으로 인한 생계 결핍에 대한 보장을 받을 권리를 가진다.'고 명시하고 있다. 즉, 건강한 삶을 살 수 있도록 적절한 의식주와 의료 및 복지를 제공받는 것은 인간의 천부적인 권리라고 선언한 것이다.

이러한 정신에 근거해 우리나라는 만 20세 이상의 국민들에게 2년에 한 번씩 무료 건강검진을 지원하고 있으며, 보건소와 같은 공공 의료 기관을 통해 아주 적은 금액으로 예방 접종을 할 수 있도록 지원하고 있다. 또한, 지방 정부에서도 깨끗한 물과 공기를 위해 여러 제도들을 시행하고 있다. 뿐만 아니라 주류, 담배, 마약

등의 유해성을 알리는 캠페인을 벌이고, 마약을 판매하거나 투약하는 행위를 강력히 처벌하며, 미성년자에게 술과 담배를 파는 행위에 대해서도 철저히 단속한다. 식품의약안전처라는 국가 기관에서는 농·축·수산물 안전 관리, 취약 계층 식품·의약품 안전 관리 강화 등의 업무를 하며 모든 국민이 건강할 권리를 보장받을 수 있도록 최선을 다하고 있다.

그러나 곳곳에서 이러한 노력을 하고 있음에도 불구하고 우리의 건강할 권리가 침해당하는 일이 적지 않게 발생하고 있다. 한 예로, 2011년부터 알 수 없는 이유로 호흡을 힘겨워하고 폐가 손상된 환자가 병원에 이송되어 오는 경우가 많았다. 정부가 역학조사를 해 보니 원인은 가습기 살균제였다. 가습기 살균제란 가습기의 분무액을 살균하는 제품으로, 이를 판매한 기업은 가습기의 물에 살균제를 타서 사용하면 세균 번식을 막을 수 있으며 인체에는 전혀 해가 되지 않는다고 광고를 했다. 그러나 사회적참사 특별조사위원회의 조사에 따르면 가습기 살균제로 인해 폐 질환과 같은 장애를 얻거나 심지어 사망에 이르기까지 한 피해자의 수는 2020년까지 1만 4천여 명이나 되는 것으로 드러났다. 더욱 안타까운 것은 피해자 대부분이 임산부 및 어린이였다는 점이다.

비윤리적 기업은 세계 어디에나 존재하는 것이 사실이다. 그렇기 때문에 이러한 비윤리적인 기업을 감시하고 단속하는 정부의 역할이 매우 중요한 것이다. 가습기 살균제 사건은 해당 기업의 비윤리적인 경영뿐만 아니라 국민의 건강이 위협받을 수 있는 일임에도 관리감독에 소홀했던 국가에 경종을 울렸던 사건이었다.

교육받을 권리

만약 어떤 가정이 귀촌을 했는데, 그 마을에 사람이 거의 살고 있지 않아 학교와 같은 공공시설이 부족하다면 어린 자녀가 있는 가정에서는 아이를 어떻게 학교에 보내야 할까? 홈스쿨링이 가능해진 요즘에야 집에서 부모에게 교육을 받으면 되지만, 예전에는 이처럼 외딴 시골 마을이라 학교에 다닐 수 없는 상황이라면 평생 교육을 받지 못하는 경우가 종종 있었다.

우리나라 헌법 제31조 1항에서는 '모든 국민은 능력에 따라 균등하게 교육을 받을 권리를 가진다.'고 규정하고 있다. 여기서 중요한 것은 '모든 국민'이라는 말이다. 도시에 살든, 시골에 살든 누구나 균등하게 교육을 받아야 한다는 것이다. 특히 법률로써 중학교까지 의무교육을 하도록 정해 두었으며, 헌법 제31조 3항에서는 '의무 교육은 무상으로 한다.'고 규정하고 있다.

따라서 근처에 학교가 없는 곳에 사는 아이가 있다면 관할 교육청은 아이가 교육을 받을 수 있는 방법을 찾아야 한다. 통학을 지원하는 방식이든, 분교를 만들어 선생님을 파견하는 방식이든 국가와 부모가 적어도 아이가 중학교를 졸업할 때까지는 교육을 받을 수 있도록 의무를 다해야 한다. 교육청은 초등학교에 입학할 나이가 되었음에도 아이가 입학하지 않는다면 아이의 상태를 파악해야 한다. 아이에게 홈스쿨링이나 미인가 대안 학교 등 공교육을 대체할 수 있는 교육이 이루어지고 있다는 것이 확인되면 문제없지만, 보호자에게 버림받거나 아동 학대 등으로 집에 방치되어 있다면 관할 경찰서에 신고해야 한다.

교육부와 각 시도별 교육청은 중학교뿐만 아니라 고등학교까지 점차적으로 수업료 및 급식비를 무상으로 전환하겠다고 발표했다. 이는 곧 헌법상 보장된 의무교육이 초·중·고등학교로 확대되고 있다는 것을 의미한다.

더 나아가 헌법 제31조 5항에서는 '국가는 평생교육을 진흥하여야 한다.'고 규정하고 있다. 학교 교육뿐만이 아니라 지역별로 개설되어 있는 평생학습센터 및 동주민 센터를 통해 국민들이 전 생애에 걸쳐 필요한 교육을 받을 수 있는 것이다. 이러한 교육들도 대부분 무료로 운영되거나 아주 적은 비용으로 운영되고 있다.

교육은 인간이 태어나 살면서 죽을 때까지 받아야 하는 필수적인 것이다. 따라서 국민들에게는 반드시 보장받아야 할 권리이며, 정부에게는 반드시 시행해야 할 의무라고 할 수 있다.

잊힐 권리

2010년, 스페인 변호사 마리오 코스테하 곤잘레스Mario

Costeja Gonzalez는 스페인의 한 일간지인 〈라 뱅가르디아 La Vanguardia〉와 구글이 자신의 프라이버시를 침해했다며 소송을 제기했다. 1998년 〈라 뱅가르디아〉가 자신의 채무 내역과 재산 강제 매각 등을 다룬 기사를 게재했는데, 관련 문제가 모두 해결되었음에도 불구하고 12년이 지난 2010년까지 버젓이 신문사 홈페이지와 구글에서 검색이 된다는 이유에서였다.

1심에서는, 기사는 문제가 없지만 구글 검색으로 개인의 명예가 훼손될 수 있다며 구글과 구글 스페인 측에 삭제 명령을 내렸다. 하지만 구글 측은 이에 반발하며 고등법원에 항소했다. 유례가 없던 소송으로 스페인법원은 유럽 사법재판소에 이 사건을 맡기게 되었고 '잊힐 권리'는 세계적인 이슈로 부각되었다. 결국 2014년 5월, 유럽 사법재판소는 '유럽 개인 정보 보호 지침(1995)' 규정에 근거해 구글은 관련 링크를 삭제하고, 개인이 삭제를 요청할 수 있는 창구를 마련하라고 최종 판결을 내렸다. 세계 최초로 잊힐 권리를 인정한 판결이었다.

그런데 잊힐 권리는 표현의 자유와 맞닿아 있다는 점에서 문제가 될 수 있다. 잊힐 권리가 강조되면 표현의 자유가 통제될 수밖에 없고, 표현의 자유가 보장되면 잊힐 권리가 침해당하는 결과를 낳게 되기 때문이다. 예를 들어 인터넷 언론사들이 어떤 범죄자의 범죄행위에 대한 기사를 작성했는데, 그 범죄자가 출소한 후 자신의 잊힐 권리를 내세우며 본인과 관련된 기사를 삭제해 달라고 요청할 경우 어떻게 해야 할까? 표현의 자유 및 알 권리 보장을 강조하는 입장이라면 해당 내용이 실린 기사가 삭제되어서는 안 된다고 볼 것이다. 그러나 개인의 프라이버시 보호를 중요시하는 입장이라면 그 기사들은 삭제되어야 하는 것들이다. 이처럼 잊힐 권리와 표현의 자유는 공존하기 어렵고 모순이 발생하게 된다.

그렇다면 우리나라는 어떨까?

정보통신망 이용촉진 및 정보보호 등에 관한 법률 제44조의 2(정보의 삭제 요청 등) ① 정보통신망을 통하여 일반에게 공개를 목적으로 제공된 정보로 사생활 침해나 명예 훼손 등 타인의 권리가 침해된 경우 그 침해를 받은 자는 해당 정보를 취급한 정보통신서비스 제공자에게 침해 사실을 소명하여 그 정보의 삭제 또는 반박 내용의 게재를 요청할 수 있다.

이처럼 우리나라는 잊힐 권리를 일부 인정하고 있다. '사생활 침해 및 명예 훼손'이라는 단서를 달고 있지만, 명예 훼손은 그 기준이 매우 주관적이라 사실상 대부분의 정보에 대해 삭제를 요청할 수 있는 권한을 주는 것이다. 그러나 조금 다른 측면에서 바라보면, 만약 이 권리를 행사하는 사람이 정치인이거나 공인일 경우에는 자신의 비리를 숨길 목적으로 활용할 가능성도 남아 있는 셈이다. 그렇기 때문에 공인, 즉 선출직 공무원 및 선출직 공무원에 출마하는 사람, 1급 이상 공무원 등이나 사회적으로 큰 물의를 일으킨 범죄자에 대해서는 잊힐 권리에 제한을 두는 것을 생각해 볼 필요가 있다.

쾌적한 환경에서 살 권리

최근 미세 먼지로 인해 많은 사람들이 고통을 받고 있다. 헌법 제35조에서는 '모든 국민은 건강하고 쾌적한 환경에서 생활할 권리를 가지며, 국가와 국민은 환경 보전을 위하여 노력하여야 한다.'고 규정하고 있다. 이에 따라 국가는 미세 먼지의 피해를 최소화하기 위해 각종 노력을 해야 한다. 이를테면 석탄 발전소 중지 명령, 노후화된 경유 차량 운행 제한 명령 등과 같은 조치를 취하는 것이다.

사실 미세 먼지와 같은 환경 오염을 방지하려면 녹지 보존이 우선시되어야 한다. 이를 위한 하나의 방법으로 개발 제한 구역, 즉 '그린벨트'를 지정하여 무분별한 개발을 제한하고 있다. 그런데 그린벨트는 환경뿐 아니라 개인의 재산권 행사와도 큰 관련이 있다. 그린벨트로 지정된 토지는 개발이 제한되기 때문에 그린벨트 내 토지를 소유하고 있는 사람들은 재산권을 행사하는 데 제약이 따르게 된다. 하지만 이러한 이유로, 그린벨트를 해제한다면 환경은 걷잡을 수 없을 정도로 파괴되고 만다. 개개인의 재산권 행사를 보장하는 것이 공동체 전체에게 환경 피해를 가져다줄 수도 있는 구조인 것이다.

그린벨트뿐만 아니라 산, 강, 습지 등 우리 주위에는

도시 및 국토의 산소통 역할을 하고 있는 곳이 많다. 따라서 이와 같은 자연을 개발하는 것은 매우 신중해야 한다. 자연에서 얻을 수 있는 생산물을 관리하는 것 또한 매우 중요하다. 산에 있는 각종 약초를 무분별하게 채취하다가는 산 전체가 황폐해질 수 있고 강에 있는 어류들을 마구 잡다가는 각종 물고기들이 고갈될 수도 있기 때문에 국가는 일부 자격을 가지고 있는 사람들에게만 약초 채취 및 어업권을 인정해 준다. 이처럼 각종 규제를 통해 국가는 생태를 보호하고자 노력하고 있다.

사실 우리나라는 1960년대까지만 해도 민둥산들이 많았다. 전쟁을 겪으면서 산림이 황폐화되었기 때문이다. 1969년 유엔^{UN} 보고서에 '한국 산림은 황폐화가 고질적이라 치유가 불가능하다.'라고 표현되었을 만큼 우리나라 산림은 복구하기 어려운 상태였다. 그러나 산림을 살리고 생태계를 복원하기 위해 국가는 1973년부터 산림녹화 사업을 시작해 본격적으로 나무를 심기 시작했고, 그것이 현재의 푸른 강산을 만드는 밑거름이 되었다.

도시 주변에 이렇게 많은 산을 가지고 있는 나라는

찾아보기 쉽지 않다. 도시에 살면서도 깨끗한 공기와 휴식처를 제공받을 수 있는 우리의 특권은 아마도 이러한 자연 덕분일 것이다.

건강할 권리는 인간의 천부적인 권리로, 비윤리적인 일로 인해 국민의 건강할 권리가 침해당하지 않도록 해야 하는 정부의 역할이 매우 중요함. / 모든 국민은 능력에 따라 균등하게 교육을 받을 권리를 가짐. / 잊힐 권리와 표현의 자유는 맞닿아 있음. / 쾌적한 환경에서 살기 위해서는 자연 개발에 신중해야 하며, 국가는 생태계 보호에 앞장서야 함.

ㄴ

노동

* 노동권
* 인간다운 노동 조건

노동권

노동권은 '근로 능력을 가진 사람이 국가에 근로 기회의
제공을 요구할 수 있는 권리'를 말한다. 근로권이라고도
부르나, 근로란 '부지런히 일함'이라는 뜻으로, 단어가
가진 의미에 노동을 하는 사람의 주체성이 결여되어 있
어 최근에는 '노동'이라는 표현을 지향하고 있다.

　우리나라는 헌법 제32조에서 '모든 국민은 근로의
권리를 가진다.'고 규정하고 있다. 노동을 한다는 것은
개인의 선택인데 왜 국가에 요구할 수 있는 권리로써

보장되어야 하는 걸까?

최초로 노동권을 보장한 헌법은 1919년에 제정된 독일의 바이마르 헌법이다. 이어 1948년 12월 10일 유엔 총회에서 50개 국가가 세계인권선언을 채택했고, 인권위원회에서는 "모든 사람에게는 노동, 자유로운 직업 선택, 적절하고 알맞은 노동 조건, 실업에 대한 보호를 요구할 권리가 있다."라며 노동권에 관련된 내용을 언급했다. 자본주의하에서 고용주들은 노동자들을 늘 더 싼 비용으로 더 많은 시간 동안 노동시킬 방법을 찾아왔다. 반면, 돈을 벌어야 하는 입장의 노동자들은 언제나 그 관계에서 약자가 되어 비인간적이고 고된 노동에 시달릴 수밖에 없었다. 그래서 각국의 헌법에 노동의 권리가 들어가게 된 것이다. 국가의 개입이 필요했기 때문이다.

인간다운 노동 조건

노동권이란 단순히 취업의 보장을 국가에 요구하는 것만을 의미하지는 않는다. 노동권은 적정 임금, 차별 없는 일자리, 고용 시장에서의 약자 보호 정책과 같이 인간다운 노동 조건을 보장받을 권리를 포함하고 있다.

따라서 노동 조건은 인간의 존엄성이 보장되도록 법률로 정해져야 하는데, 이 내용을 담은 것이 바로 '근로기준법'이다. 근로기준법에 따라, 고용주와 노동자 간에 체결된 계약의 내용이 노동자에게 지나치게 불리한 내용이라면 이는 무효가 된다. 예를 들어, 일주일에 너무 많은 시간을 일하게 하거나, 계약서를 노동자에게 주지 않거나, 정당하지 않은 이유로 해고나 부당한 징계 처분을 내리는 등의 행위를 못 하도록 하는 것이다. 이는 실제로 헌법 제32조에서 상세히 규정하고 있는 내용들이기도 하다.

이에 그치지 않고 국가는 사회적·경제적 방법으로 더 많은 사람들이 그들이 원하는 종류의 노동을 할 수 있도록 고용률을 높이기 위한 경제 제도를 마련해야 하고, 인간답게 살 수 있을 정도의 적정 임금이 보장되도록 노력해야 한다.

더 나아가 역사적으로 노동 시장에서 늘 착취의 대상이었던 여성과 미성년자가 고용·임금 및 노동 조건

에 있어서 부당한 차별을 받지 않도록 관심을 기울여
모두가 평등하게 존중받는 노동 문화를 만들어 나가야
할 것이다.

고용주와 노동자의 관계에서 늘 약자가 될 수밖에 없는 노동자를
위해 각국의 헌법에는 노동의 권리가 들어가 있음. / 노동권은 인간
다운 노동 조건을 보장받을 권리를 포함함.

다문화 가정

* 단일 민족이라는 편견

따돌림

* 따돌림
* 학교 폭력
* 사이버 불링

단일 민족이라는 편견

과거에는 학교에서 우리나라를 '단일 민족 국가'라고
가르치기도 했었다. 단일 민족 국가란 소수 민족이 없
는 하나의 민족으로 구성된 국가라는 뜻인데, 우리나라
는 정말 단일 민족 국가가 맞을까?

민족이라는 개념은 먼 과거 국가 간의 이동이 자유
롭지 않을 때 발생했던 개념이다. 산과 바다로 국경이
가로막혀 있어 자연스럽게 같은 지역에 사는 사람들끼
리 각종 문화와 생활 방식, 종교나 이념 등을 공유하게 되었고 바로 이때 민족이라는 개념이 생겨난 것이다.

그런데 현재는 수많은 사람들이 생활, 유학, 여행 등의 목적으로 전 세계를 자유롭게 드나들고 있다. 우리나라에만 해도 200만 명이 넘는 외국인이 살고 있으며 이들 중 우리나라 국적을 획득한 사람은 2019년 기준으로 약 18만 명 이상이다. 이에 따라 다문화 가구도 점차그 수가 늘어 35만 가구에 이르렀고 다문화 가정에서 태어나는 아이들의 수 역시 점점 늘고 있다. 최근 한 시골 지역에는 한국인보다 다문화 가정에서 태어난 아이가 더 많이 입학한 학교도 있다고 한다.

이러한 상황에서 우리나라를 단일 민족이라고 지칭하는 것이 과연 합당할까? 2018년 12월, 스위스 제네바에서 유엔 인종차별철폐위원회는 우리나라의 인종 차별 실태를 비판하며 한국 정부가 인종 차별 철폐 협약을 제대로 이행하지 않는다고 큰 우려를 표했다.

인종 차별 철폐 협약은 모든 인간은 태어날 때부터 자유롭고, 존엄하며, 평등하다는 세계인권선언의 정신을 담아 1966년 유엔 총회 결의로 선포되어 우리나라가 1978년 동의한 조약이다.

인종 차별 철폐 협약서에는 아래와 같은 문구가 등장한다.

이 협약에서 "인종 차별"이라 함은 인종, 피부색, 가문 또는 민족이나 종족의 기원에 근거를 둔 어떠한 구별, 배척, 제한 또는 우선권을 말하며 이는 정치, 경제, 사회, 문화 또는 기타 어떠한 공공생활의 분야에 있어서든 평등하게 인권과 기본적 자유의 인정, 향유 또는 행사를 무효화시키거나 침해하는 목적 또는 효과를 가지고 있는 경우이다.

〈모든 형태의 인종 차별 철폐에 관한 국제 협약 1부 1조〉

유엔 인종차별철폐위원회가 우리나라의 인종 차별 현실에 우려를 표했다는 것은 우리나라가 이러한 인종 차별 철폐 협약의 정신을 어기고 여전히 다문화인을 차별하고 있음을 의미한다.

단일 민족이라는 개념 속에는 소수 민족에 대한 차별 의식이 포함되어 있다고 볼 수 있다. 그런데 앞에서 살펴보았듯이 현재 우리나라에는 수많은 다문화인들이 더불어 살아가고 있다. 따라서 단일 민족이라는 말을 삼가며, 구분 짓는 것을 멈추고 다른 문화, 인종, 국가를 자연스럽게 받아들이는 교육과 훈련을 모두가 받을 수 있도록 하는 것이 함께 살아가는 세상을 위해 반드시 필요하다.

'단일 민족'은 다문화 가정에 대한 인종 차별 의식이 포함된 개념.

ㄷ 따돌림

따돌림

따돌림이란 한 집단 내에서 다수가 소수를 조직적으로 괴롭히거나 소외시키는 현상으로, 피해자에게 직접 해를 가하는 적극적 행위와, 피해자의 말이나 행동을 무시하거나 무리에서 배제시키는 등의 소극적 행위를 모두 포함하는 개념이다. 따돌림을 하는 데에는 외모, 성격, 장애 등 다양한 이유가 있지만, 단순히 가해자들의 재미를 위해 이루어지기도 한다. 이것이 심해질 경우 부차적으로 범죄가 발생하기도 한다.

실제로 따돌림으로 고통을 받다가 스스로 목숨을 끊는 학생들의 소식을 어렵지 않게 접할 수 있다. 그럼에도 우리 사회는 여전히 학생들 사이에서 일어나고 있는 따돌림에 대해 가볍게 생각하는 경향이 있다. 하지만 따돌림은 한번 당하면 그 충격이 평생을 갈 만큼 한 사람에게 씻을 수 없는 상처를 준다. 따돌림은 반인권적인 행위이며 절대 가볍게 여겨서는 안 되는 문제라는 점을 우리 모두가 기억해야 한다.

학교 폭력

2018년 11월 인천에서 열네 살 중학생이 15층 높이의 아파트 옥상에서 추락하는 일이 발생했다. 알고 보니 이 피해자는 평소 또래 학생들에게 지속적으로 따돌림과 괴롭힘을 당해 왔으며 이날도 네 명의 가해자들로부터 한 시간이 넘도록 가혹 행위를 비롯한 집단 폭행을 당하다가 이를 피하려고 탈출하는 과정에서 추락해 사망하게 된 것이다. 무엇보다 사망한 피해자가 다문화 가정의 자녀라는 점에서 가해자들의 비뚤어진 인권 의식이 낳은 불행한 사건으로 해석될 여지도 있다.

　이렇게 수면 위로 올라온 사건 외에도 학교 폭력으로 피해를 받고 있는 학생들은 아주 많다. 학교 폭력은 학교 내외에서 학생을 대상으로 발생하는 상해, 폭행, 감금, 협박, 모욕, 공갈, 강제 심부름, 성폭력 등을 모두 포함하는 행위이기 때문이다. 학교 폭력이 특히 문제가 되는 건, 주로 학교라는 공간에서 물리적·정신적 괴롭힘이 이어지다 보니 피할 수도 없고, 피해 사실을 선생님이나 부모님에게 털어놓기도 힘들다는 점이다. 많은 피해자들이 극단적인 선택까지 하게 되는 이유이다.

　하지만 학교 폭력은 쉬쉬하며 단순히 치부될 일이 아니다. 피해자뿐만 아니라 피해자 가족 모두를 불행에 빠뜨릴 수 있으며, 관련된 모든 가해자들에게 처벌이 따르는 엄연한 범죄 행위이기 때문이다.

사이버 불링

폭력은 사이버상에서도 일어난다. 이를 '사이버 폭력'이라고 하는데, 타인에게 특정인을 비하하는 내용의 글,

사진 혹은 영상을 유포하거나 이른바 '문자 폭탄'을 보내는 것을 비롯해 사이버 언어폭력, 사이버 명예 훼손, 사이버 스토킹, 사이버 성폭력, 신상 정보 유출 등 그 종류도 다양하다.

그중에서도 최근 가장 문제가 되는 것이 에스엔에스^{SNS}나 스마트폰 메신저 등을 이용하여 괴롭히는 '사이버 불링^{Cyber bullying}'이다. 괴롭히고자 하는 사람을 단체 채팅방에 무단으로 초대해 욕을 남발하거나 초대한 후 집단적으로 나가 버리는 행위, 피해자가 단체 채팅방에서 나가 버리면 계속해서 다시 초대해 괴롭히는 행위, 단체 채팅방에서 피해자의 말만 의도적으로 무시하는 행위, 게임 아이템을 갈취하는 행위 등을 가리킨다. 이뿐만 아니라 당사자는 제외한 채 단체 채팅방을 만들어 온갖 험담을 하고, 당사자 모르게 사진을 찍어 그것을 공유하며 조롱하는 경우 역시 사이버 불링에 해당된다.

교육부가 전국의 초등학교 4학년에서 고등학교 3학년까지의 학생들을 대상으로 조사한 결과, 사이버 불링 신고 건수는 매년 늘고 있으며 학교 폭력을 당한 경험이 있는 학생 중 약 10%의 학생이 사이버 불링으로 고통을 받았다는 사실을 알 수 있었다.

　물리적인 폭력이 아니기에 자칫 가볍게 여길 수도 있으나 눈에 보이지 않는 사이버 폭력 역시 누군가에게 심각한 피해를 입히는 인권 침해 행위라는 것을 반드시 인식할 필요가 있다.

따돌림은 피해자에게 직접 해를 가하는 적극적 행위와, 피해자의 말이나 행동을 무시하는 등의 소극적 행위 모두를 의미함. / 학교 폭력은 학교 내외에서 학생을 대상으로 발생하는 물리적·정신적 괴롭힘을 말함. / 에스엔에스나 스마트폰 메신저 등을 이용하여 사이버상에서 특정인을 괴롭히는 것을 사이버 불링이라고 함.

ㄹ

로스앤젤레스 폭동

* 로드니 킹 사건과 두순자 사건
* 아파르트헤이트

로드니 킹 사건과 두순자 사건

1991년 3월 3일, 미국 로스앤젤레스에서 25세의 한 흑인 남성이 고속도로에서 경찰의 정지 명령을 따르지 않고 도주하다가 적발되었다. 당시 네 명의 백인 경찰은 도주하는 차량을 세워 운전자를 체포하는 과정에서 경찰의 지시를 따르지 않았다는 이유로 운전자에게 무차별적인 폭행을 가했다. 이를 목격한 주민이 카메라에 이 장면을 고스란히 담았고, 폭행 장면이 담긴 영상은 한 방송국에 의해 대대적으로 보도되었다.

당시 언론 보도에 따르면 피해자는 56차례가량 곤봉으로 온몸을 구타당했으며, 그 결과 광대뼈는 함몰되었고 청력이 손상되어 평생 청각 장애인으로 살아야 하는 처지가 되었다. 경찰의 지시를 따르지 않았다고는 하지만 과한 처사가 아닐 수 없다. 사안이 이렇게 심각했는데도 약 1년 뒤인 1992년, 피해자를 집단 폭행했던 경찰들은 백인으로 구성된 배심원단에 의해 무죄 평결을 받았다. 인종 차별적인 이러한 행태에 흑인 사회가 분노했고, 결국 로스앤젤레스 지역 폭동의 시발점이 된 것이다. 그래서 이 사건을 피해자 청년의 이름을 따 '로드니 킹 Rodney King 사건'이라고 한다.

로스앤젤레스 폭동의 원인은 로드니 킹이 당한 인종 차별 때문만은 아니었다. 로드니 킹 사건이 일어난 같은 해 3월 16일, 또 다른 사건이 발생했다. 한인 가게에서 오렌지 주스를 사려고 했던 15세 흑인 소녀가 가게 주인이 쏜 총에 맞아 사망하는 일이 벌어진 것이다. 소녀가 물건을 훔쳤다는 가게 주인의 의심에서 다툼이 시작되었고, 가방을 보여 달라고 요구하자 소녀가 이를 거절하면서 몸싸움으로 번졌다. 다툼 끝에 가게 주인이 총으로 소녀를 쏴 소녀는 결국 사망하게 되었다. 그리고 이 장면은 CCTV에 녹화되어, 언론에 공개되었다. 가해자인 한국인 여성 두순자는 평소 흑인들이 자신의 가게에서 자주 물건을 훔쳐 많은 피해를 입었으며 이를 예방하기 위해 총을 구비해 두었다가 피해자와의 몸싸움 도중 생명의 위협을 느껴 우발적으로 발포했다고 진술했다. 이에 당시 판사는 두순자가 위협을 느꼈을 만한 상황이었음을 인정하고 범죄를 저지를 의도가 없었다며 벌금과 사회봉사 명령을 내렸다. 사람을 총으로 쏴서 살해했음에도 교도소에 가지 않게 된 것이다.

연달아 발생한 두 사건은 흑인 사회에 큰 충격을 주었고, 이로 인해 1992년 4월 29일 로스앤젤레스 폭동이 일어났다. 흑인들의 주요 공격 대상은 한인 사회였다. 당시 로스앤젤레스 경찰이 백인들이 주로 거주하는 부유한 지역만을 집중적으로 보호하고 근처에 위치한 한인 거주 지역은 사실상 경비를 하지 않았던 것이 실질적인 원인이었다. 차별에 대한 반감이 또 다른 사회적 비주류 세력이었던 한국인에게 향한 것이다. 흑인 사회는 한인 가게들을 대상으로 약탈과 방화를 저질렀으며 그 결과 2,300여 개의 한인 가게가 피해를 입었다.

　로스앤젤레스 폭동은 미국 사회 전체를 충격에 빠뜨리며 그들에게 중대한 과제를 주었다. 인종 차별은 걷잡을 수 없는 갈등을 일으키고, 그 갈등은 사회를 파멸시키는 원인이 될 수도 있다는 사실이 바로 그것이다.

아파르트헤이트

미국 사회에서 일어난 일련의 사건이 암묵적인 인종 차별이었다면, 노골적으로 인종 차별 정책을 펼친 나라도 있다. 바로 남아프리카 공화국이다.

　1948년 영국으로부터 독립한 남아프리카 공화국에 백인 중심으로 구성되어 나치즘과 인종 차별 정책을 지지하던 국민당이 집권하면서 백인들의 사회적 지위를 지키기 위해 '아파르트헤이트Apartheid'라는 정책을 폈다. 아파르트헤이트는 남아프리카 공화국의 공용어인 아프리칸스어로 '분리', '격리'라는 의미로, 백인과 백인이 아닌 인종을 구분 짓고, 다른 인종 간의 성관계와 결혼을 금지시켰으며 심지어는 식당 화장실까지도 분리하여 사용하도록 했다. 또, 백인이 아닌 인종은 통행권이 없으면 체포하기도 했고, 교육의 질에도 차이를 두어 백인에 비해 열등한 교육을 받도록 했다.

뿐만 아니라, 인종별로 주거 지역을 정해 그 지역 이외에는 살 수 없게 하다 보니 가족과 떨어져 강제로 다른 지역으로 이주되는 사람들도 많았다. 사회적으로 거의 모든 곳에서 백인과 다른 인종을 격리시킨 것이다.

이 같은 백인 우월주의에서 비롯된 인종 차별에 반대하여 시위를 주도하다가 1964년에 체포되어 1990년까지 무려 27년간 구금 생활을 했던 사람이 바로 넬슨 만델라Nelson Mandela이다. 넬슨 만델라는 석방 이후 1994년에 실시되었던 총선거에서 남아프리카 공화국 대통령으로 당선되어 사회 곳곳에 퍼져 있던 아파르트헤이트 정책을 대부분 폐기했다. 흑인 및 소수 인종들이 인권을 존중받고 그들의 삶의 질이 개선될 수 있도록 노력한 것이다. 그리고 그는 자신을 교도소로 몰아넣었던 세력들도 용서하기까지 했다. 만약 그 당시에 그가 보복을 했다면, 그것은 머지않아 또 다른 보복을 낳았을 것이다. 그러나 넬슨 만델라는 보복과 응징 대신 용서를 통해

화합을 이루어 내는 편을 택했다. 용서가 가진 진정한
힘을 알고 있었던 것이다.

로드니 킹 사건과 두순자 사건은 흑인 사회에 인종 차별에 대한 반
감을 불러일으켜 로스앤젤레스 폭동의 계기가 됨. / 남아프리카 공
화국에는 백인과 다른 인종을 분리시키는 '아파르트헤이트'라는 정
책이 존재했음. / 넬슨 만델라는 아파르트헤이트 정책을 대부분 폐
기하고 흑인 및 소수 인종들의 삶을 고통으로 몰아넣은 백인 우월주
의 세력들을 용서하여 화합을 이루어 냄.

마틴 루터 킹

* 흑인 민권 운동
* 비폭력 운동

미투 운동

* 미투 운동
* 권력형 성범죄

문화적 관습

* 관습 존중
* 여성 할례(여성 성기 절제)
* 조혼
* 명예 살인

흑인 민권 운동

미국의 인종 차별은 그 역사가 매우 깊고 복잡하다. 1950~1960년대까지도 미국에서 흑인들은 백인과 함께 버스를 타지 못하는 규정이 있었고, 타더라도 백인이 자리 양보를 요청하면 강제로 응해야 했다.

마틴 루터 킹Martin Luther King 목사는 어릴 때부터 이러한 차별에 대해 많은 문제의식을 가지고 있었다. 그런 그가 보스턴 대학에서 박사 학위를 받은 뒤, 미국에서 인종 차별이 가장 심했던 미국 남부 몽고메리에 있는 교회에서 근무를 하게 되었다. 당시 미국 남부 지역은 북부에 비해서 특히 인종 차별이 매우 심했다. 농업이 발달하면서 흑인 노예 제도를 오랫동안 유지해 왔기 때문이다.

그러던 1955년 12월, 몽고메리에서 미국 흑인 민권운동의 불씨를 지핀 결정적인 사건이 발생했다. 로자 파크스^{Rosa Parks}라는 흑인 여성이 버스에서 백인 남성에게 자리를 양보하지 않아 경찰에 체포된 것이다. 이러한 일이 가능했던 것은 짐 크로*법^{Jim Crow Laws}이라고 불리는 인종 분리 정책이 있었기 때문이었다. 짐 크로법은 미국 남북전쟁 당시 노예 해방을 지지하던 북군에 패한 남군이 흑인을 계속해서 차별하기 위해 만든 법으로, 이에 따라 모든 공공 기관에서 흑인과 백인의 분리가 의무화되어 흑인은 공립 학교, 공공장소, 대중교통, 화장실, 식당, 식수대 등을 백인과 함께 이용할 수 없었다. 쉽게 말해 인종 차별을 공식적으로 인정하는 법안

---

* 1830년대 미국 코미디 뮤지컬에서 백인 배우가 연기해 유명해진 절름발이 흑인 캐릭터의 이름으로, 흑인을 경멸하는 의미로 전락했다.

이었다.

마틴 루터 킹 목사는 로자 파크스 사건을 계기로 펼쳐진 몽고메리·버스 보이콧 운동을 이끌며 흑인 및 양심적인 백인들에게 동참을 호소했다. 그 결과, 무려 5만여 명의 시민이 함께하게 되었고 결국 1956년 12월, 미국 연방 최고 재판소는 버스 내 인종 분리법이 위헌이라는 판결을 내렸다.

비폭력 운동

마틴 루터 킹 목사는 흑인 민권 운동을 미국 전역으로 확대시켜야겠다고 결심했다. 다만, 비폭력의 원칙이 반드시 지켜져야 한다는 점은 분명히 했다. 그는 어릴 때부터 인도의 정치적 지도자이자 비폭력 저항의 상징인 마하트마 간디의 영향을 많이 받아 왔기 때문이다.

1963년, 마틴 루터 킹 목사가 노예 해방 100주년을 기념하여 워싱턴 광장에서 했던 연설은 지금까지도 명연설로 많은 사람들에게 회자되고 있다.

"나에게는 꿈이 있습니다. 조지아주의 붉은 언덕에서 노예의 후손들과 노예 주인의 후손들이 형제처럼 손을 맞잡고 나란히 앉게 되는 꿈입니다.

나에게는 꿈이 있습니다. 이글거리는 불의와 억압이 존재하는 미시시피주가 자유와 정의의 오아시스가 되는 꿈입니다.

나에게는 꿈이 있습니다. 내 아이들이 피부색을 기준으로 사람을 평가하지 않고 인격을 기준으로 사람을 평가하는 나라에서 살게 되는 꿈입니다. 지금 나에게는 그 꿈이 있습니다.

나에게는 꿈이 있습니다. 지금은 지독한 인종 차별주의자들과 주지사가 간섭이니 무효니 하는 말을 떠벌리고 있는 앨라배마주에서, 흑인 어린이들이 백인 어린이들과 형제자매처럼 손을 마주 잡을 수 있는 날이 올 것이라는 꿈입니다."

그의 이러한 노력은 미국 사회의 많은 것을 바꾸어 놓았다. 1964년에 민권법이 제정되어 인종 차별이 법으로 금지되었고 뒤이어 1965년에는 투표권법이 제정되면서 흑인들의 투표권이 보장될 수 있었다. 마틴 루터 킹 목사는 비폭력 운동과 흑인들의 인권 신장을 위해 힘쓴 공로를 인정받아 1964년 35세의 나이로 최연소 노벨평화상을 받았다.

이후 그는 흑인 민권 운동을 넘어 반전反戰 운동에도 뛰어들었다. 특히 베트남 전쟁을 반대하는 운동에 적극 동참하며, 무의미한 전쟁으로 젊은이들을 희생시키고 베트남 국민들을 학살한다고 비판했다. 실제로 베트남 전쟁에 대해 다음과 같이 말하기도 했다.

"지금 미국 청년들이 아시아의 정글에서 전투를 하다 죽어 가고 있습니다. 이 전쟁의 목적은 너무나 막연하기 때문에 전국의 여론이 들끓고 있습니다. 흔히들 이들의 희생은 민주주의를 위한 것이라고 말하지만, 사이공 정권과 그의 동맹 세력도 명색으로는 민주주의를 내세우고 있으며, 미국 흑인 병사들은 민주주의를 누려 본 경험이 없는 사람들입니다."

마틴 루터 킹 목사는 백인 우월주의자들에게 눈엣가

시 같은 존재였다. 그래서 공공연히 살해 위협을 받기도 했지만, 그는 굴하지 않고 인권 운동에 더욱 매진했다. 그러나 1968년 4월 4일, 마틴 루터 킹 목사는 결국 테네시주 멤피스 지역의 한 모텔에서 백인 우월주의자인 암살범의 총에 머리를 맞고 숨을 거두고 말았다.

아직도 많은 사람들은 마틴 루터 킹 목사의 업적을 기리며 그를 추모한다. 특히 미국에서는 매년 1월 셋째 주 월요일을 '마틴 루터 킹 데이'로 지정해 그가 태어난 날을 기념하고 있다. 이렇게 오랫동안 그가 기억되는 이유는 사랑, 그리고 평화가 가진 힘을 모두에게 보여 주었기 때문일 것이다.

로자 파크스 사건이 미국 흑인 민권 운동의 불씨를 지핌. / 마틴 루터 킹 목사는 몽고메리 버스 보이콧 운동을 이끌었고, 5만여 명이 함께 한 결과 인종 분리법이 위헌이라는 판결을 얻어 냄. / 마틴 루터 킹 목사는 비폭력을 원칙으로 흑인 민권 운동을 넘어 반전 운동에도 힘씀.

■ 문화적 관습

관습 존중

모든 사회는 그들 나름의 독특한 문화를 가지고 있다. 이와 같은 문화의 특색을 인정하고 존중하는 태도를 가리켜 '문화적 상대주의'라고 한다.

예를 들어, 우리나라는 예로부터 개 식용 문화가 있어 왔다. 하지만 외국에서는 이 문화에 대해 미개하다며 강한 거부감을 드러내기도 한다. 그러나 문화적 상대주의에 따르면, 개 식용 문화는 우리 사회의 고유한 전통이므로 이 문화를 무조건적으로 없앤다는 것은 무리가 있다고 주장한다. 물론 동물 애호가들이, 인간과 함께 살아가는 동물인 개를 먹는다는 것은 반드시 없어져야 할 구습이라고 이에 맞서 노력한 결과, 우리나라도 개 식용과 판매를 전반적으로 금지하거나 자발적으로 하지 않는 추세로 바뀌어 가고 있는 것은 사실이지만 개 식용 문화는 문화의 상대성을 이야기할 때 늘 논란이 되는 주제이다.

이슬람 여성들이 두르는 히잡의 경우도 마찬가지이다. 여성을 억압하는 도구라고 보는 사람들도 있는 반면, 그 종교를 가진 그 나라 국민의 입장에서는 그것이 그 자신들만의 고유한 문화로서 존중받아야 한다고 생각할 것이다.

문화적 차이를 이해하지 못해 큰 갈등으로 발전하는 경우가 많다. 따라서 특정 문화가 보편적이지는 않더라도 그것이 상대적이라는 점을 인정하는 태도가 바람직하다. 하지만 이것은 어디까지나 인권이 보장되는 경우에만 가능한 이야기이다. 문화적 상대주의로 인정할 수만은 없는 반인권적인 문화도 존재한다. 인권을 침해하는 관습도 그들만의 문화로 존중해 주어야 하는 걸까?

여성 할례(여성 성기 절제)

일부 아프리카 및 중동 지역에서 자행되는 의식으로 여성의 외부 생식기를 잘라 내는 것을 '여성 할례'라고 한다. 이는 여성의 성욕을 통제한다는 명목으로 과거부터 현재까지 전해져 내려오는 관습인데, 생명까지 위협하는 매우 위험한 시술이다.

세계보건기구가 발표한 자료에 의하면, 여성 할례는 아프리카와 중동 지역을 중심으로 약 30개국에서 행해지고 있으며, 수단, 이집트, 소말리아, 에티오피아, 지부티 등에서는 평균적으로 80% 이상의 여성이 할례를 받고 있는 것으로 드러났다. 게다가 할례는 주로 미성년자를 대상으로 이루어지며, 의료 장비는 물론 위생적인 환경조차 갖추어지지 않은 곳에서 시행되다 보니 과다 출혈이나 감염 등으로 사망할 가능성도 크다.

이에 2012년 유엔 총회에서 할례를 인권 침해로 규정하고 전면 금지하는 결의안을 채택했다. 그러나 아직도 사회 곳곳에서는 관습이라는 이유로 할례가 만연하게 이루어지고 있다.

지금은 사라졌지만 과거 중국에서 성행했던 전족 문

화도 이와 유사하다. 전족이란 발이 작을수록 아름답다고 여겨 어릴 때부터 여성의 발을 꽁꽁 묶어 자라지 못하도록 하는 풍습으로, 전족을 한 성인 여성의 발은 10cm 정도밖에 되지 않아 제대로 걷고 서는 것조차 힘들었다고 한다.

사회적인 강요에 의해 여성에게 이러한 고통이 가해지는 것은 분명 인권 침해이자 범죄 행위이다. 따라서 현재까지도 관습, 즉 문화라는 이름으로 남아 많은 여성들의 인권을 유린하는 할례 의식은 더 이상 행해져서는 안 될 악습이라고 할 수 있다.

조혼

일찍 결혼을 한다는 뜻의 '조혼' 역시 그저 문화로서 존중할 수만은 없는 반인권적 관습이다. 결혼은 인생에서 중요한 과정 중 하나로, 스스로가 평생을 함께할 인연을 신중하게 찾아야 한다. 그런데 관습이라는 명목하에 부모가 어린 자녀들을 마음대로 결혼시키는 문화가 자연스러운 곳이 있다.

아프리카의 니제르, 아시아의 방글라데시의 경우 열 명 중 여섯 명의 여성이 18세가 되기 전에 결혼을 한다. 유엔아동권리협약에서는 조혼을 '아이들이 학대와 착취로부터 보호받을 권리를 빼앗는다.'라고 명시하고 있지만, 전 세계에서 매년 1200만 명의 어린 여성들이 조혼을 하고 있다.

조혼이 문제인 이유는 어린 나이에 이루어지는 성관계와 출산이 건강을 해칠 뿐 아니라, 심한 경우 생명에도 위협이 될 수 있기 때문이다. 또한 어린 나이에 결혼을 하게 되면 교육받을 기회를 잃게 될 가능성이 높다. 충분한 교육을 받지 못하면 정상적인 삶을 영위할 수 없으며 그것은 곧 빈곤으로 이어진다. 무엇보다 조혼은 자신의 삶을 스스로 선택할 권리를 박탈당하는 심각한 인권 침해 행위라는 점에서 반드시 근절되어야 하는 문화이다.

명예 살인

'명예 살인'이라는, 그 이름도 끔찍한 관습이 있다. 집안의 명예를 더럽혔다는 이유로 가족 구성원을 죽이는 풍습을 말한다. 주로 여성에게 행해지며, 간통을 했다거나, 부모의 허락 없이 결혼을 했다거나, 성범죄를 당했다거나, 노출이 있는 옷을 입고 에스엔에스에 사진을 올렸다거나, 심지어는 외간 남자와 어울리는 모습이 동영상에 찍혀 온라인에 떠돌아다닌다는 이유만으로도 명예 살인을 당할 수 있다.

명예 살인을 합리화했던 나라들은 명예 살인을 할 경우 대개 6개월에서 1년 정도 징역을 사는 정도의 가벼운 처벌을 적용했지만, 최근에는 살인죄로 기소하는 나라들이 많아지는 추세이다. 그러나 여전히 명예 살인은 곳곳에서 일어나고 있다.

명예 살인만큼이나 용인될 수 없는 악습이 또 있다. 인도의 옛 장례 풍습인 '사티'로, 남편이 죽으면 그의 시신을 화장할 때 부인을 함께 화장하는 것을 말한다. 사티는 대부분 타의에 의해 이루어지는 경우가 많았고, 사티를 단행하면 여신으로 추앙을 받는 경우도 있었다고 한다.

그러던 1987년 9월, 18세의 여성 루프 칸와르가 남편을 화장하기 위한 장작더미에 강제로 옮겨져 불태워지는 끔찍한 일이 발생하면서 인도 정부는 이 풍습의 심각성을 깨닫게 된다. 그런데 이 사건 이후에도 사람들은 살해된 여성을 칭송하며 여성이 숨진 장소를 성지로 여기자 이에 수많은 여성 단체에서 항의를 하기 시작했고 결국 1987년 10월 사티 금지법이 제정되었다.

아무리 가치 있는 관습이라고 할지라도 그것이 폭력과 억압의 형태로 나타나서는 안 된다. 하물며 살인은 어떠한 이유로도 합리화될 수 없는 범죄 행위이다. 사람을 죽이는 것은 '문화'가 아닌, 문화를 명분으로 삼아 행하는 범죄 행위일 뿐이라는 것을 기억해야 한다.

각 사회가 가지는 문화의 특색을 인정하고 존중하는 태도를 문화적 상대주의라고 함. / 여성의 외부 생식기를 잘라 내는 '여성 할례', 어린 나이에 결혼을 시키는 '조혼', 집안의 명예를 더럽혔다는 이유로 가족 구성원을 살해하는 '명예 살인'은 반인권적 문화임.

미투 운동

미투 운동

여성 인권 운동은 다양한 형태로 벌어지고 있다. 그중에서도 '미투 운동'이 가장 대표적이며, 이는 인스타그램이나 트위터와 같은 소셜 미디어에 '#MeToo'라는 해시태그를 달아 과거 성범죄를 당했던 피해자들이 피해 사실을 폭로하고 우리 주변에 잔존하는 적폐를 청산하고자 한 해시태그 운동이다.

미투 운동은 미국 영화계에서부터 출발했다. 2017년 10월 할리우드 영화 제작자인 하비 와인스타인Harvey

Weinstein의 성 추문을 폭로하고 비난하기 위해 피해자들이 소셜 미디어에 해시태그를 달기 시작했다. 하비 와인스타인은 미국 영화계에서 절대 권력자로 악명이 높은 인물이었다. 그는 이탈리아 영화 〈시네마 천국〉을 수입하면서부터 주목을 받았고, 쿠엔틴 타란티노Quentin Tarantino 감독의 데뷔작인 〈저수지의 개들〉을 비롯하여 〈굿 윌 헌팅〉, 〈펄프 픽션〉, 〈킬 빌〉 등 수많은 영화들을 제작, 배급하면서 엄청난 수익을 올렸다. 하비 와인스타인이 개입하는 영화마다 성공을 거두게 되면서 그는 할리우드의 절대 권력자로 서서히 자리를 잡아갔다.

그러나 절대 권력은 곧 부패하기 마련이다. 그의 이기적인 성격과 갑질을 일삼는 태도는 영화계에서 문젯거리로 떠올랐고, 결국 미투 운동으로 지목된 첫 가해자가 되었다. 할리우드의 유명 여배우들을 비롯하여 80여 명이 넘는 사람들이 하비 와인스타인에게 성추행을 당했다고 밝혔다. 미투 운동을 촉발시킨 하비 와인스타인은 2020년 3월 성폭행 혐의로 20년 형, 강간 혐의로 3년 형을 선고받아 2021년 현재 교도소에서 복역 중이다.

권력형 성범죄

우리나라에서의 미투 운동은 2018년 1월 서지현 검사가 〈JTBC 뉴스룸〉에 출연하여 검찰 내의 성폭력 실상을 고발하면서 시작되었다. 이후 연극, 문화, 교육, 스포츠, 종교 등 각계각층으로 퍼져 나가면서 수많은 관계자들이 성범죄 가해자로 지목되어 구속되거나 자리에서 물러났다.

미투 운동을 통해 밝혀진 성폭력 가해자들은 직장, 학교, 가정 등 피해자가 속한 조직 내에서 권력을 행사할 수 있었던 사람들이었다. 서지현 검사가 폭로한 사건의 핵심 인물 역시 검찰 내에서 가장 큰 권력을 가지고 있던 사람이었다.

권력을 가진 사람들의 이러한 행위는 형법에서 '업무상 위력 등에 의한 간음죄'라고 명시하며 엄격히 금하고 있다. 즉, 미투 운동으로 밝혀진 성폭력 가해자들은 대부분 법에서 규정하고 있는 범죄 행위를 저지른 것이다.

막대한 지위나 권력을 가진 가해자에게 저항하기란 현실적으로 쉽지 않다. 문제 제기를 하거나 저항할 때,

혹은 피해 사실을 알렸을 때 자신에게 돌아올지도 모르는 불이익에 대한 심리적 압박이 크게 작용하기 때문이다. 그러니 미투 운동에 동참한 피해자들을 향한 2차 가해를 멈추고 그들의 용기를 존중하며 권력형 성범죄의 근절을 위해 모두가 애써야 할 것이다.

미투 운동은 소셜 미디어에 '#MeToo'라는 해시태그를 달아 과거 성범죄를 당했던 피해자들이 피해 사실을 폭로하고 적폐를 청산하고자 한 여성 인권 운동임. / 미투 운동은 미국 영화계에서부터 출발한 운동. / 권력형 성범죄의 피해자들은 자신에게 돌아올지도 모를 불이익에 대한 심리적 압박 때문에 쉽게 저항하지 못함.

ㅂ

범죄자의 인권

* 사형 제도 존폐 논란
* 소년 범죄
* 신상 공개

불평등

* 장애인 불평등
* 성 소수자 불평등

사형 제도 존폐 논란

우리나라는 아홉 가지의 형벌 제도를 두고 있다. 신체의 자유를 박탈하는 '징역', '금고', '구류', 자격을 박탈하는 '자격 상실', '자격 정지', 재산을 박탈하는 '벌금', '과태료', '몰수' 그리고 생명을 박탈하는 '사형'이다. 이 중 사형은 가장 무거운 형벌에 해당하며 일반적으로는 교도소 내 교수대에서 목을 매는 교수형에 처하지만, 군형법에 의해 처벌받을 때는 총살형에 처한다.

사형은 그야말로 목숨을 끊어 존재 자체를 없애는

형벌이기 때문에 대개 인류에 반하는 극악한 범죄인에게 선고된다. 최근 우리나라에서 사형이 선고된 재판 사례로는 2015년에 20대 남성이 여자 친구의 부모가 헤어짐을 종용했다는 이유로 여자 친구 집에 찾아가 그 부모를 살해하고 여자 친구를 강간했던 사건이 있다. 이처럼 끔찍한 범죄를 저지른 사람에게 사형은 응당 받아야 할 대가라고 생각할 수도 있다. 그런데 과연 범죄자라는 이유로 국가가 사람의 생사에 관여하는 것이 정당할까? 재판도 신이 아닌 사람이 하는 것인데 오판의 가능성이 아예 없다고 할 수 있을까?

사형제가 계속 유지되어야 하는지에 대한 찬반 논쟁은 이전부터 계속되어 왔다. 우리 사회에 사형 제도가 필요하다고 주장하는 이유는 흉악 범죄의 피해자가 자신이 되지 않길 바라기 때문이다. 사형이라는 제도가 있으면 잠재적 범죄자들은 사형이 두려워서라도 범죄를 저지르는 것을 망설일 것이고, 그것이 곧 흉악 범죄의 감소로 이어질 것이라고 말한다. 즉, 사형은 사회 질서를 유지하는 데 본보기가 될 수 있다는 것이다. 이것을 형벌의 범죄 예방적 효과라고 부른다.

하지만 연구에 따르면 사형 제도 유무에 따라 중범죄의 비율이 결정되는 건 아니라고 한다. 계획 살인을 하는 범죄자들은 자신이 사형을 당할 것을 무서워하지 않으며 우발적으로 범죄를 저지는 사람들은 애초에 그 어떤 것도 의도하지 않았기 때문에 사형을 염두에 두지 않아 이와 무관하다고 한다.

그렇다면 사형 제도의 폐지를 주장하는 데에는 어떤 이유가 있을까? 바로 사형 제도가 악용될 가능성에 대한 것이다. 이와 관련된 부끄러운 사건이 우리나라에서 일어난 적이 있었다. 흔히 '인혁당 사건'이라 불리는 '인민혁명당 재건위원회 사건'이다.

1972년 박정희 대통령은 10월 유신을 선포했고 전국적으로 학생들의 반대 시위가 거세지자 1974년에 긴급조치* 4호를 선포했다. 지금의 국가 정보원에 해당하는 당시 중앙정보부는 학생들의 반대 시위는 공산당으로

....

* 국가의 안전 보장이나 공공의 안녕질서가 중대한 위협을 받거나 재정적·경제적 위기에 처했을 때 대통령이 국정 전반에 걸쳐서 내리던 특별한 조치. 국민의 자유나 권리의 일부를 제한하거나 정부, 국회, 법원의 활동을 제한할 수 있다.

부터 지시받은 것이라고 발표하며 곧 수백 명의 무고한 학생들과 언론인들을 잡아들였다. 그리고 그중 기자와 기업인, 경북대학교 총학생회장 등 여덟 명에 대하여 법원은 사형을 선고했다. 1964년에 있었던 인민혁명당 이라는 간첩단을 다시 만들기 위해 시위를 조직했다는 이유에서였다. 사형이 확정된 지 불과 열여덟 시간 만에 형이 집행되었고 당연히 교도소에 있을 줄 알고 면회를 갔던 가족들은 슬픔에 쓰러질 수밖에 없었다.

그런데 알고 보니 이 모든 혐의는 상상도 할 수 없을 만큼 끔찍한 고문으로 인한 허위 자백이 증거로 쓰인 결과였다. 결국 2002년 의문사진상규명위원회는 인혁당 사건이 당시 중앙정보부에 의해 조작되었다는 사실을 인정하고 사법부에 재심을 권유했다. 사형 제도의 악용으로 무고한 피해자가 억울한 죽음을 당한 것이 밝혀진 것이다. 이 사건은 '사법 살인'으로 불리고 있으며, 형이 집행된 1975년 4월 9일은 국제적으로도 '사법사상 암흑의 날'이라는 평가를 받았다.

그러나 우리나라를 비롯한 여러 국가가 여전히 사형 제도를 법적으로 채택하고 있다. 권력의 힘을 남용하던 시절은 지났으니 사형 제도에 대한 오·남용의 우려가 크지 않고 오히려 극악한 흉악 범죄를 저질러 국민에게 고통을 준 강력범죄자를 사형에 처하도록 하는 것이 정의에 부합하다는 의견도 많다. 무고한 사람의 목숨을 빼앗은 범죄자의 생명은 지켜 주어야 할 필요가 없으며 피해자의 인권보다 범죄자의 인권이 우선시되어서는 안 된다는 것이다. 이처럼 사형 제도 존폐 논란은 끝이 없다.

우리나라는 지난 1997년 12월 30일 이후로 사형 집행을 하지 않아 사실상 사형 폐지 국가로 분류되고 있다. 현재는 여러 명의 사형수가 집행을 기다리는 상태로 구금되어 있는 상황이다.

사실 사형 제도가 완전히 사라진다면 범죄자는 더이상 존재하지 않는 사형 대신 무기징역형에 처해야 하는데, 무기징역은 일정 기간이 지나면 가석방의 기회를 얻을 수 있다. 이 말은 곧 무기징역을 받은 범죄자라면 언젠가 다시 우리 곁으로 돌아올 수도 있다는 의미이다. 이에 아예 사형 제도를 공식적으로 폐지하고 '절대적 종신형'이라는 제도를 도입하자는 주장도 나오고 있

다. 사형 제도의 대안으로 가석방 없는 종신형을 내리
자는 것이다.

소년 범죄

우리나라 형법 제9조에서는 '14세 되지 않는 자의 범죄
행위는 처벌하지 않는다.'고 규정하고 있다. 나이가 어
리기 때문에 판단력이 흐릴 것으로 보고 특별히 형사
처벌을 면제해 주는 것인데, 형사 재판을 받지 않는다
고 해서 아무런 조치도 받지 않는 것은 아니다. 소년법
에 따라 만 10세 이상 만 14세 미만의 소년이 범죄를 저
지른 경우 '촉법소년'이라고 불리며 가정법원 소년부에
서 소년보호재판을 받게 된다.

그리고 사건 심리* 결과에 따라 보호 처분이 필요할
경우 1호부터 10호까지의 보호 처분 중 해당하는 처분
을 받는다. 이때 보호 처분은 형사 처벌과 달리 교육을

....

* 재판의 기초가 되는 사실 관계 및 법률관계를 명확히 하기 위하여
  법원이 증거나 방법 따위를 심사하는 행위

통해 바르게 성장할 수 있도록 돕는 것에 목적을 두고 있기 때문에 전과 기록이 남지 않는다.

반면 범죄를 저지른 소년이 만 14세 이상 만 19세 미만이라면 '범죄 소년'이라고 불리며 경우에 따라 형사처벌까지도 받을 수 있다. 죄질이 비교적 가벼울 경우 촉법소년과 동일하게 가정법원 소년부로 보내지지만, 죄질이 무거울 경우 일반 형사 재판을 받게 되며 일반형사 사건과 기본적으로는 똑같이 진행된다. 소년보호재판과 달리 전과가 생기고 구치소에 구금될 수도 있다는 의미이다.

그러나 형사 재판에서도 성년에 비해 미숙한 청소년을 보호하는 취지에서 성인만큼의 처벌은 피할 수 있도록 되어 있다. 여러 가지가 있지만 그중에서도 소년에게 징역형을 선고하는 경우 소년법에 따라 장기는 10년, 단기는 5년을 초과하지 못하도록 되어 있는 것이 대표적이다.

그런데 최근에는 이러한 제도를 악용하는 사례가 늘면서 우려의 목소리가 커지고 있다. 몇몇 소년범들이 자신들은 무거운 처벌을 피해갈 수 있다는 것을 알고 흉악한 범죄를 쉽게 저지르곤 하기 때문이다.

또한 소년법이 현실을 따라가지 못하고 있는 것이 아니냐는 비판들도 제기되고 있다. 지금의 형사 처벌 면제 기준 연령인 만 14세 미만은 우리나라에 형법이 처음 생긴 1953년에 만들어진 기준인데, 과거에 비해서 현재 청소년들의 정신 연령이 높아진 것을 감안해 지금보다 더 낮추어야 한다는 것이다. 이에 따라 최근 국회에서는 촉법소년의 연령을 만 10세 이상 만 12세 미만으로 낮추는 것에 대한 논의가 진행되고 있다. 그러나 이에 대한 비판 역시 존재한다. 처벌 나이를 낮춘다고 해서 소년 범죄율이 줄어든다는 근거는 없기 때문이다.

범죄를 저지르는 연령대는 조금씩 낮아지는 데 반해 그 죄질은 날로 잔혹해지고 지능화되어 가고 있다는 것은 부인할 수 없는 사실이다. 그렇다고 해서 엄벌만이 소년 범죄를 막을 수 있는 유일한 방법은 아니다. 소년 범죄의 실상을 제대로 파악하고 해결책을 모색하되 소년범이라는 이유만으로 마땅한 처벌조차 받지 않는 일이 발생하지 않도록 하는 것이 무엇보다 중요하다.

신상 공개

최근 한 30대 여성이, 이혼한 전 남편이 아들에 대한 면접 교섭*을 요구한다는 이유로 전 남편을 잔인하게 살해하고 시신을 유기한 사건이 큰 이슈였다. 피의자가 저지른 범행의 잔혹성에 많은 사람들이 경악을 금치 못했는데, 이에 못지않게 이 사건에서 사람들의 공분을 샀던 것은 언론에서 사진을 찍으려고 할 때마다 머리카락을 커튼 삼아 얼굴을 숨기는 피의자의 행동이었다. 신상정보공개심의위원회를 통해 신상 정보를 공개하기로 결정되었음에도 범죄자가 자신의 머리카락으로 얼굴을 숨기는 것에 더 이상의 강제력을 행사할 수 없었던 것이다. 이로 인해, 신상 정보가 기재된 식별용 번호판을 든 범죄자의 얼굴을 찍는, 일명 '머그샷mugshot'의 도입이 논의되기도 했다.

우리나라의 '특정강력범죄의 처벌에 관한 특례법'에 따르면 주요 강력 범죄 사건의 경우 피의자의 신상 정

* 이혼으로 자녀와 떨어져 사는 부모가 정기적으로 자녀와 만나거나 연락을 하는 것

보를 공개할 수 있다고 규정하고 있다. 공개 방법에 있어서는 성폭력 범죄자에 한해서만 그 제도가 구체적으로 마련되어 있다.

아동·청소년을 대상으로 성폭력 범죄를 저지른 사람에 대해 법원의 신상 공개 판결이 있으면 '성범죄자 알림e' 홈페이지에 신상 정보를 게시하고 있다. 또, 우편 고지 판결까지 선고된다면 성범죄자가 살고 있는 지역의 아동·청소년 보호 가구와 학교에 성범죄자의 신상 정보가 우편으로 보내지고 있다.

그런데 범죄자의 신상은 공개하는 것이 무조건 옳은 일일까? 범죄자가 잡히지 않아 수배 중이라면 공익을 위해 범죄자의 신상을 공개하는 것이 맞겠지만, 이미 검거된 범죄자의 얼굴과 신상 정보를 공개하는 것은 또 다른 문제이다. 대중의 궁금증과, 피해자와 그 가족들의 억울함을 해소하기 위해 아직 피고인의 죄가 확정되지 않은, 즉 재판 중인 사건의 경우라면 무죄 추정의 원칙*

....

* 모든 피고인이나 피의자는 유죄가 확정되기 전까지는 무죄로 추정한다는 원칙

을 위반하게 되는 것이다.

물론 범죄자의 얼굴을 공개하여 수치심을 주는 것이 범죄에 대한 경각심을 일으켜 모방 범죄를 예방하는 효과를 가져다줄 수도 있다. 헌법 재판소는 이러한 관점에서 아동·청소년 대상 성범죄자의 신상 공개를 합헌이라고 판결한 것이다.

그러나 이 문제는 국민의 알 권리와 범죄자의 인격권이 충돌하는 지점에 있다. 성범죄나 강력 범죄자의 신상 정보만 공개한다는 점에서 평등권을 침해하는 것이라는 지적도 있으며, 인구가 밀집되어 있고 인터넷이 발달한 우리나라의 특성상 신상 정보를 공개하면 그 주변인들에게까지도 피해가 갈 것이 분명한데, 그렇다면 이는 일종의 연좌제*가 아니냐는 비판도 제기되고 있다. 또한, 미국, 영국 등에서 먼저 도입되었던 성범죄자 신상 정보 공개 제도의 시행 결과, 신상 정보를 공개함으로써 성범죄가 눈에 띄게 줄어드는 효과는 나타나지 않

....

* 범죄자와 일정한 친족 관계가 있는 자에게 연대적으로 그 범죄의 형사 책임을 지우는 제도

았고 무엇보다 범죄자라는 사회적 낙인이 갱생 의지를 좌절시켜 오히려 재범률을 높이는 결과를 낳을 수도 있다는 우려의 목소리도 나오고 있다.

확실한 건, 어떤 범죄자의 신상 공개를 어느 정도의 수준으로 어떻게 할 것인가는 감정적으로 결정할 문제가 아니라는 것이다. 이는 알 권리와 인권이 동등하게 보장되는 선에서 이루어져야 하며 충분한 논의와 검토를 거쳐 신중하게 결정되어야 하는 문제이다.

우리나라는 대개 인륜을 반하는 극악한 범죄인에게 사형 선고를 내리지만, 사실상 형을 집행하지는 않아 사형 폐지 국가로 분류됨. / 만 10세 이상 만 14세 미만은 '촉법 소년'으로 소년보호재판을 받으며, 만 14세 이상 만 19세 미만은 '범죄 소년'으로 죄질에 따라 일반 형사 재판까지도 받을 수 있음. / 형사 처벌 면제 기준 연령을 낮추자는 목소리가 커지고 있지만, 처벌 나이를 낮춘다고 소년 범죄율이 줄어든다는 근거는 없음. / 범죄자의 신상 정보 공개는 국민의 알 권리와 범죄자의 인격권이 충돌하는 지점에 있음.

장애인 불평등

살면서 가장 견디기 힘든 순간이 있다면 그것은 바로 불평등한 상황을 마주하는 순간일 것이다. 예를 들어 원하는 직장에 취업을 했는데, 함께 입사한 동료가 별다른 이유 없이 나보다 월급을 더 많이 받는다는 사실을 알게 된다면 어떨까? 상상만 해도 억울하고 불쾌한 감정이 불쑥 솟구칠 것이다. 이런 상태가 지속되기라도 한다면 그토록 원했던 자리일지라도 회사에 대한 애정이 사라져 결국은 그곳을 떠나게 될지도 모른다.

그런데 학교나 회사와 같이 마음대로 떠날 수 있는 곳이 아닌, 한 사회에서 차별 대우를 받는다면 어떨까? 실제로 장애를 가진 사람들은 이 사회에서 매일같이 엄청나게 불평등한 대우를 받고 있다.

몇 가지 사례를 통해 알아보자. 불과 몇 년 전까지만 해도 버스 정류장에 버스의 도착을 알리는 음성 단말기가 없었던 까닭에 시각 장애인들은 버스가 도착할 때마다 매번 버스를 붙잡고 몇 번 버스인지 운전기사에게 물어봐야 했다. 이는 사고의 위험이 있을뿐더러 사실상 시각 장애인은 버스를 이용할 수 없는 것과도 같았다.

휠체어를 타는 사람들도 마찬가지이다. 우리나라 버스는 대부분 휠체어를 탄 사람들이 승하차할 수 없는 구조이다. 하지만 유럽과 같이 장애인을 위한 복지 정책이 잘 구축되어 있는 나라에 가 보면 휠체어를 탄 사람도 큰 불편함 없이 버스를 타고 내리는 모습을 볼 수 있다. 대부분이 계단이 없는 저상 버스이며 휠체어가 타고 내리기 쉽게 버스가 입구 쪽으로 기울어지기 때문이다. 우리나라도 저상 버스를 운행하고 있지만, 2019년 기준으로 전국의 저상 버스 보급률은 26.5%에 불과하다. 장애인 이동권이 제대로 보장되지 않는 것이다.

　　장애는 특별한 사람의 이야기가 아니다. 선천적으로 장애를 가지고 태어나는 경우도 있지만, 사고나 질병으로 인해 후천적인 장애를 갖게 될 수도 있다. 또한 신체 일부가 다쳐 일시적으로 몸이 불편한 상황도 생길 수 있다. 장애를 가진 사람이 겪는 불평등은 언제든 나의 일이 될 수 있다. 따라서 내가 불평등을 겪고 있지 않다고 하더라도, 누군가가 몸이 불편하다는 이유로 차별받는 일이 일어나지 않도록 개인 차원에서는 장애인에 대한 인식을 개선하기 위해 노력하고 사회 및 국가 차원에서는 장애인 복지 수준을 향상시키기 위해 노력해야 한다.

성 소수자 불평등

불평등을 겪는 것은 성 소수자들도 마찬가지이다. 성 소수자란 트랜스젠더, 동성애자, 양성애자, 무성애자 등 성적 지향과 성 정체성이 다수의 사람들과 달라 사회적으로 소수자에 속한 이들을 말한다.

이들이 겪고 있는 불평등은 다양한데, 우선 우리나라는 동성 간의 혼인 신고가 금지되어 있다. 즉, 동성 커플이 결혼식을 올린다고 하더라도 법적으로는 부부로 인정받지 못한다는 것이다. 법적으로 인정을 받지 못하다 보니 동성 커플은 사실혼 관계일지라도 사회적으로 온갖 차별을 받게 된다. 아이를 입양하는 것이 불가능하며 신혼부부 대출이나 재산 상속도 받을 수 없다. 이처럼 우리나라에서의 동성 간 결혼은 수많은 제약이 따르는 일이다. 세계적으로 동성 간 결혼을 허용하는 나라들이 늘고 있는 데 반해 여전히 우리 사회는 이 문제에 대해 사회적 합의에 이르지 못한 상태이다.

동성애자가 아닌 다른 성 소수자 역시 불평등을 겪는다. 2020년 2월, 성전환 수술을 받은 트랜스젠더 여성이 한 여자대학교에 합격해 큰 화제가 되었다. 이 여성은 법원의 성별 정정 허가를 받아 주민 등록 번호에서 성별을 구분하는 숫자도 1에서 2로 변경했다. 해당 학교 측에서도 트랜스젠더 입학에 대한 제재 규정이 없어서 합격을 시켰다고 발표했다. 그러나 트랜스젠더 여성의 합격 소식이 알려지자 재학생들 사이에서 입학 반대

여론이 형성되었고, 일부 학생들은 '트랜스젠더 입학 반대 TF 팀'까지 만들기도 했다.

이 사건을 두고 벌어진 논쟁에서 일부 재학생들은 성별을 완전히 전환하는 것은 불가능하다고 주장했다. 하지만 이는 트랜스젠더, 즉 성 소수자의 정체성을 인정하지 않는 고정관념에 불과하다. 이 트랜스젠더 여성은 거센 반대와 논란 끝에 결국 입학을 포기했지만, 향후 사회적 논의가 확산되어 모든 소수자들이 이와 같은 불평등을 겪는 일이 없도록 해야 할 것이다.

....

* 태스크 포스(Task Force)의 약자로 특정한 문제를 해결하기 위해 설치된 임시 조직

장애인이 겪는 불평등을 해소하기 위해 개인의 인식 개선과 국가의 복지 수준 향상이 필요함. / 성 소수자가 겪는 불평등은 고정관념에서 비롯된 것이며 불평등 해소를 위해서는 사회적 논의가 확산되어야 함.

시민 혁명

신상 털기

人 시민 혁명

우리나라의 시민 혁명

"대한민국 헌법 제1조 2항 대한민국 주권은 국민에게 있고, 모든 권력은 국민으로부터 나온다. 국가란 국민입니다."

이것은 영화 〈변호인〉에서 나오는 명대사 중 하나로, 국민이 이 나라의 주인임을 설명하는 것이다. 이 대사에서 언급하고 있는 헌법 제1조 2항과, 제1조 1항*에 따라 우리나라 국민들은 5년마다 한 번씩 선거를 통해 대통령을 선출하고, 4년마다 한 번씩 국회 의원과 지방 자치 단체장, 교육감 및 지방의원 들을 선출한다.

그런데 불과 몇십 년 전만 해도 이러한 당연한 제도가 제대로 작동되지 않았다. 군사 정권을 이끈 전두환 전 대통령의 집권 과정을 살펴보자.

1979년 10월 26일 박정희 전 대통령이 중앙정보부장 김재규에 의해 살해된 이후, 같은 해 12월 12일에 쿠데타를 일으켜 권력을 잡는 데 성공한 전두환 전 대통령은 1980년 8월 27일 장충체육관에서 열린 통일주체국민회의에서 무려 99.9%의 지지율로 제11대 대통령에 당선되었다. 하지만 이 선거는 국민이 직접 뽑는 직접 선거가 아닌 대의원에 의한 간접 선거였으며, 후보 역시 한 사람뿐이었으므로 경쟁자는 아무도 없었다.

지금처럼 대통령을 국민들의 손으로 직접 선출할 수

....

* 대한민국 헌법 제1조 1항은 대한민국이 민주 공화국임을 규정하고 있다.

있게 된 건 1987년 6월 민주 항쟁을 통해 헌법이 개정되면서였다. 이는 당시 국민들이 군부 독재에 대한 저항의 뜻을 밝히며 국민들이 직접 대통령을 뽑는 '직선제'로 법을 바꾸어야 한다고 한마음으로 외쳤기 때문에 가능했던 것이다. 이처럼 6월 민주 항쟁은 '시민 혁명'이었다. 시민 혁명의 본질은 시민이 중심이 되어, 소수의 특권층에 의해 모든 것이 이루어지는 정치 체제를 없애고, 모든 사람의 자유와 평등을 위해 시민이 주권을 갖는 민주 정치를 만드는 데 그 목적이 있다. 결국 우리나라의 진정한 민주주의 체제는 시민 혁명, 즉 국민의 땀과 희생을 통해 이루어 낸 것이다.

민주주의에서 가장 중요한 것은 시민을 통해 권력이 형성되고 그 권력은 분산된다는 것이다. 한곳에 집중된 절대 권력은 반드시 부패하기 때문에 권력은 흩어져 서로 견제와 감시를 하며 균형을 맞추어야 한다는 것이 민주주의 원리이다. 이에 따라 우리나라는 행정부(대통령), 입법부(국회), 사법부(법원 및 헌법 재판소)로 권력이 나누어져 있으며, 이것을 바로 '삼권분립'이라고 한다.

민주주의를 지키기 위한 시민 혁명은 최근에도 일어

난 적이 있었다. 2016년 10월부터 벌어진 박근혜 전 대통령의 퇴진을 요구했던 촛불 집회는 사실상 시민 혁명으로 평가되고 있다. 이 촛불 집회로 대통령의 권력의 부당성이 여론화되고, 이 여론을 입법부가 받아들이면서 탄핵을 소추*하고 사법부가 결정하는 시스템이 작동될 수 있었기 때문이다.

마그나 카르타

'마그나 카르타Magna Carta'는 우리말로 '대헌장The great Charter'이라고 한다. 법은 사회의 질서를 유지하기 위해 국민들만이 꼭 지켜야 하는 규범이라고 알려져 있지만 사실 법은 절대 권력을 제한하는 역할도 한다. 이러한 인식이 처음 생겨나게 된 데에는 민주주의를 이야기할 때 빼놓을 수 없는 영국의 마그나 카르타가 있다.

마그나 카르타는 영국의 최악의 왕으로 꼽히는 존

....

* 고급 공무원이 직무를 집행할 때 헌법이나 법률을 위배하였을 경우 국가가 탄핵을 결의하는 일

John왕이 1215년 6월 15일 귀족들의 요구에 의해 서명한 문서로, 국왕의 제한된 권리를 명시해 둔 것이다. 당시의 국왕은 절대 권력을 가진 존재였다. 존 왕은 이러한 절대 권력을 이용해 프랑스와의 전쟁 자금을 마련하기 위해 영주들에게서 세금을 탈취하기 시작했다. 전례 없던 폭정에 시민들의 원성이 쏟아졌다. 지금으로 치면 대통령이 갑자기 지방 자치 단체장들에게 타당하지 않은 이유로 추가적인 세금을 징수하는 것과도 같다. 그런데 그토록 과도한 세금을 거둬 놓고 프랑스와의 전쟁에서 무기력하게 패배해 버리자 불만이 쌓여 왔던 북부 귀족들이 결국 폭발했고, 세금 징수를 거부하면서 왕과 귀족들의 관계가 걷잡을 수 없이 악화되었다. 귀족들은 왕에 대한 충성을 거부하기에 이르렀고 시민의 지지를 받아 런던으로 진격해 갔다. 이에 존 왕은 귀족 및 성직자의 자유와 권리 보장과 왕의 권력 제한을 요구하는 내용이 적힌 마그나 카르타에 서명할 수밖에 없었다.

귀족의 권리를 보장하기 위해 탄생했던 이 문서는 훗날 모든 국민의 자유와 권리를 보장하는 의미로 확대되었고 영국 의회 정치의 기틀을 마련한 것으로 평가되고 있다. 뿐만 아니라 63개의 조항 중 왕의 과세권 제한 내용이 담긴 12조는 영국 부르주아 혁명에 상당한 영향을 주었고, 특히 법에 의한 것이 아니라면 체포나 감금 등으로 시민의 자유를 침해할 수 없다는 내용이 명시된 39조는 근대 헌법의 시초로 여겨지며 지금까지도 인권의 상징으로 남아 있다.

───────────────────────────────────────

주권을 가진 국민은 대통령과 국회 의원 등을 직접 선출함. / 우리나라 국민은 6월 민주 항쟁을 통해 군부 독재를 타도하고, 대통령 직선제를 쟁취해 냄. / 우리나라는 삼권분립의 정신에 따라 권력을 분산시키고 견제와 감시를 통해 균형을 맞춤. / 왕권을 제한하고 귀족의 권리를 보장하기 위해 탄생했던 '마그나 카르타'는 훗날 모든 국민의 자유와 권리를 보장하는 의미로 확대되어 민주주의의 뿌리가 됨.

신상 털기의 문제점

신상 털기는 익명으로 쓴 글이나 사진 속 주인공을 찾
아내어 이름, 나이, 주소, 가족 관계, 출신 학교 등 말 그
대로 그 사람의 신상 정보를 각종 인터넷 게시판이나
소셜 미디어에 공개하는 행위를 말한다. 대개 사회적
으로 물의를 일으키는 발언이나 행위를 한 사람이 신
상 털기의 대상이 된다. 최근에는 지하철, 버스, 길거리
등 주로 공공장소에서 상식에 어긋나는 행위를 하는 사
람을 스마트폰으로 찍어 그 사람의 신상을 터는 경우가

늘고 있다.

그러나 신상 털기는 원칙적으로 범죄 행위에 해당한다. 정보통신망법[*] 44조에서는 '이용자는 사생활 침해 또는 명예 훼손 등 타인의 권리를 침해하는 정보를 정보통신망에 유통시켜서는 아니 된다.'고 규정하고 있기 때문이다. 허위 정보라는 것을 알고도 악의적으로 그것을 유포한다면 중범죄에 버금가는 처벌을 받으리란 것은 어쩌면 예상할지도 모르지만, 중요한 것은 그 정보가 사실인 경우에도 처벌받을 수 있다는 점이다.

사회적으로 물의를 일으킨 사람의 신상을 공개하는 것은 오히려 정의 구현이 아니냐고 말하는 사람들도 있다. 하지만 신상 털기는 그 자체로도 문제이지만 마구잡이식 신상 털기로 인해 엉뚱한 사람이 피해를 입을 수도 있다는 점이 특히 문제가 된다. 인터넷의 특성상 한 번 올라간 게시물은 여기저기 빠르게 퍼지기 때문에 쉽게 지울 수가 없다. 당사자를 고통스럽게 하는 부분이 바로 이것이다. 지워도 지워도 어디선가 나의 정보

---

[*] '정보통신망 이용촉진 및 정보보호 등에 관한 법률'의 약칭

가 떠돌고 있다는 사실을 받아들여야 하는 것 말이다.

이처럼 신상 털기는 한 사람을 사회적으로 매장하고 정신적 피해를 끼칠 수 있는 무서운 행위이다. 누구든 의도치 않게 이 신상 털기의 대상이 될 수 있기 때문에 언제 나의 일이 될지 모른다는 경각심을 가지고 타인의 신상 정보를 함부로 다루는 일이 없도록 해야 할 것이다.

에스엔에스

타인과의 교류를 목적으로 개발된 서비스인 에스엔에스가 활성화되면서 신상 노출은 더욱 심해지고 있다.

누군가 친구들과 저녁을 먹는 사진을 자신의 에스엔에스에 올린 후 친구들의 계정을 태그했다면, 이 한 장의 사진으로 어떤 정보가 유출될 수 있을까? 누가 언제 어디에서 누구와 함께 무엇을 했는지를 알 수 있다. 또한 사진에 태그되어 있는 다른 친구의 계정으로 통해 그 사람의 신상 정보까지도 알 수 있다. 뿐만 아니라 에스엔에스 친구 목록을 통해 그 사람이 속한 집단이나 출신 학교, 거주 지역도 어렵지 않게 파악할 수 있다. 이

처럼 사진 한 장을 통해서도 수많은 개인 정보를 들여다
볼 수 있는 곳이 바로 에스엔에스라는 가상 공간이다.

따라서 이로 인한 피해를 최소화하기 위해 에스엔에
스를 이용할 때는 살고 있는 지역, 출신 학교, 직장 등의
개인 정보는 꼭 필요한 경우가 아니라면 노출시키지 않
는 편이 좋다. 자신이 지켜야 할 가장 소중한 것을 공개
하는 행위나 다름없기 때문이다. 가족이나 친구들의 동
의 없이 사진을 공유하는 것도 조심해야 하며, 공유하
고 싶은 글이나 사진이 있다면 전체 공개보다는 친구
공개 혹은 비공개로 설정해 두는 것이 좋다.

신상 털기와 알 권리

신상 털기가 알 권리에 부합하는 행위라고 생각할 수도
있다. 그러나 이는 잘못된 생각이다. 알 권리는 공적 영
역에 대해서만 행사할 수 있는 권력이기 때문이다. 특
히 '국가'라는 공적 영역 말이다. 즉, 알 권리란 국가가
국민의 세금으로 제대로 일을 하고 있는지 국민에게 알
려야 하는 의무를 말한다.

알 권리를 위해서는 언론의 역할이 중요하고, 정보 공개법에 따라 국민들의 정보 공개 요청에 응해야 하는 국가의 역할도 중요하다. 대통령과 국회 의원에게 엄격한 도덕성을 요구하는 이유도 바로 여기에 있다. 국가를 운영하는 데 주축이 되는 사람들을 검증하는 것도 알 권리에 해당하기 때문이다. 그래서 선출직 공무원이나 1급 이상의 고위 공직자로 선발되기 위해서는 자신이 보유하고 있는 재산을 매년 국민에게 공개해야 하는 것이다.

우리 주변에서 발생할 수 있는 일로 예를 들어 보자. 집에서 사용하는 수돗물에서 어느 날 갑자기 냄새가 난다면 우리는 이 수돗물에 어떤 문제가 있는지에 대해서도 당연히 알 권리가 있다. 지방 자치 단체가 관리하는 수도 역시 공적 영역에 해당되기 때문이다. 따라서 관할 수도 사업소에 연락을 취해 수돗물의 수질과 냄새의 원인을 분석해 줄 것을 요청할 수 있다.

알 권리는 이처럼 공적 영역에 해당되는 이야기이기 때문에 개인이 범죄를 저질렀다거나 사회적으로 물의를 일으켰다고 할지라도 무작정 요구할 수 있는 것이 아니다. 특히 연예인이나 스포츠 스타의 경우 방송에 출연한다는 직업적 특성 때문에 아무렇지 않게 신상 털기의 대상이 되는 경우가 많은데, 이는 일반인의 신상 정보를 유출하는 것만큼 문제가 되는 행위라는 것을 반드시 기억해야 한다.

개인 정보

모든 사람은 개인 정보를 가지고 있다. 개인정보보호법에서는 개인 정보를 '살아 있는 개인에 관한 정보로서 성명, 주민 등록 번호 및 영상 등을 통하여 개인을 알아볼 수 있는 정보'라고 정의하고 있다. 개인 정보가 유출되어 그것이 악용되면 명의 도용이나 사생활 침해로 피해를 입을 수도 있다. 따라서 공공 기관, 통신사, 카드사, 은행 등 대량의 개인 정보를 수집하고 있는 기관이나 기업은 이를 철저히 보호해야 할 의무가 있다.

물론 당사자들도 자신의 개인 정보가 노출되지 않도록 주의를 기울여야 한다. 특히 주민 등록 번호는 유출이 될 경우 명의 도용에만 사용되는 것이 아니라 주민 등록 번호 안에 포함되어 있는 개인 정보가 그대로 새어 나가게 된다.

그런데 주민 등록 번호에는 어떤 수많은 개인 정보가 들어 있는 걸까? 주민 등록 번호가 만들어지는 방법을 살펴보면 알 수 있다. 우선 모든 사람이 알고 있듯이 주민 등록 번호 앞 여섯 자리는 생년월일이다. 그리고 뒤 번호 일곱 자리 중 첫 번째 숫자는 성별, 두 번째부터 다섯 번째 숫자는 출생 신고를 한 지역의 정보, 여섯 번째 숫자는 출생 신고 당일 접수 순번을 의미하며 마지막 일곱 번째 숫자는 앞에 있는 번호를 모두 조합했을 때 나오는 검증 번호로 위조나 변조를 방지하기 위해 부여되는 숫자이다. 이렇다 보니 주민 등록 번호 유출 시 특히 더 큰 피해가 우려되는 것이다.

개인 정보의 범위는 종교, 가족 관계, 노동조합 유무, 성적 취향 등으로 점차 확대되고 있다. 때문에 개인의 어떤 정보든 함부로 다루었다가는 문제가 될 수 있다. 일례로 과거 한 국회 의원이 전국교직원노동조합에 소속되어 있는 이들의 명단을 인터넷에 공개했다가 개인정보보호법 위반으로 당사자들로부터 엄청난 금액의 민사 소송을 당한 적도 있었다.

개인 정보는 누구나 보호받아야 할 권리가 있고 이를 당사자의 동의 없이 공개하는 행위는 명백한 범죄 행위이다. 나의 개인 정보가 소중한 만큼, 다른 사람의 개인 정보도 소중하다는 것을 인식해야 한다.

인터넷에 타인의 정보를 함부로 유포하면 그 정보가 사실일지라도 처벌받을 수 있음. / 에스엔에스로 인한 개인 정보 유출을 방지하기 위해 정보 보호에 각별히 신경써야 함. / 알 권리는 '국가'라는 공적 영역에 행사할 수 있는 권리. / 개인 정보의 범위는 점차 확대되어 가고 있으며 당사자의 동의 없이 공개하는 행위는 범죄 행위로 간주됨.

역차별

인권

병역의 의무

우리나라 헌법 제39조에서는 '모든 국민은 법률이 정하
는 바에 의하여 국방의 의무를 진다.'고 규정하고 있다.
그런데 우리 사회에는 이러한 국방의 의무와 관련하여
여러 종류의 갈등이 발생하고 있다.

먼저 남녀 간의 갈등이 있다. 우리 사회의 틀을 규정
하는 국가 최고의 상위법인 헌법에서 분명 국방의 의무
는 '모든 국민'이 진다고 나와 있는 데 반해, 헌법에 따
라 병역에 대해 구체적으로 규정하고 있는 '병역법'에

서는 '대한민국 국민인 남성은 헌법과 이 법에서 정하는 바에 따라 병역의무를 성실히 수행하여야 한다. 여성은 지원에 의하여 현역 및 예비역으로만 복무할 수 있다.'고 밝히고 있다. 즉, 병역의 의무는 남성에게 있으며, 여성은 자발적인 의지가 있는 경우 '지원'에 한해서 군인으로 근무할 수 있다는 단서 조항을 달고 있는 것이다. 그래서 여성이 군 입대를 지원하면 의무 복무인 사병이 아닌 장교나 부사관의 계급을 가진 직업 군인으로 근무하게 되는데, 이를 두고 남성들에게서 불만의 목소리가 나오고 있다. 여성을 우대하는 병역법으로 오히려 남성이 역차별을 받고 있다는 것이다.

두 번째는 '양심적 병역 거부'로 발생하는 갈등이다. 현재 모든 남성이 현역으로 군 복무를 하고 있는 것은 아니다. 종교적·철학적·사상적인 이유로 총을 드는 것을 거부하는 사람들이 있는데, 이 사람들을 '양심적 병역 거부자'라고 한다. 예전에는 군 복무를 거부하면 병역법 제88조에 따라 병역 기피 혐의로 처벌을 받았으며, 입영은 했지만 총을 드는 것을 거부하면 항명, 즉 명령에 따르지 않고 반항하는 행위로 간주되어 군형법 제

44조에 따라 처벌을 받았다.

하지만 이러한 상황에서도 신념에 따라 군 복무 대신 처벌을 택하는 청년들은 존재했으며, 이로 인해 수많은 청년들이 전과자가 되기도 했었다. 양심적 병역 거부자들은 자신들의 신념을 인정해 달라는 목소리를 내며 계속해서 싸웠다. 그 결과 헌법 재판소는 2018년 6월 양심적 병역 거부자(혹은 신념에 의한 병역 거부자)에 대한 대체 복무 방안을 규정하지 않은 병역법 제5조 1항에 대해 헌법 불합치 결정을 내렸고, 2019년 12월 31일까지 대체 복무를 규정하는 입법을 주문했다. 이렇게 양심적 병역 거부를 인정하는 것을 두고도 역차별이라는 주장이 제기되었다. 하지만 2020년부터 시행되고 있는 '대체역의 편입 및 복무 등에 관한 법률'에서 양심적 병역 거부자들은 교정 시설에서 36개월간의 복무를 강제하고 있어 역차별 논란은 잦아들었다. 오히려 일반 군인들에 비해 복무 기간이 두 배나 늘어난 것에 대해 양심적 병역 거부자들이 차별이라며 헌법 소원을 낸 상태이다.

사회가 변해 가는 만큼 군 복무에 대한 논의도 활발

히 이루어져야 한다. 안보 상황이나 국가 재정 상태와 같이 고려해야 할 것들이 많지만 다양한 병역의 형태에 대한 고민은 이러한 갈등을 조금이나마 해소할 수 있을 것이다.

비정규직의 정규직 전환

비정규직의 정규직 전환에서도 역차별 논란은 있다. 공공 기관에서 비정규직으로 일하던 직원들을 정규직으로 전환하는 경우 어떤 문제가 발생할 수 있을까? 사실상 모든 공공 기관이 정규직을 공채로 선발하고 있다 보니, 비정규직을 정규직으로 전환하면 공채 선발 인원은 줄어들게 된다. 그렇다면 비정규직을 정규직으로 전환하지 않는 것이 옳은 일일까? 반대로 생각해 보면 비정규직이라는 이유만으로 오랜 기간 노동을 했는데도 매년 노동 조건에서 차별을 받을 수밖에 없다면 그것 또한 억울한 일이다. 어느 쪽을 콕 집어 역차별이라고 할 수 없는 상황인 것이다.

그런데 세계적으로는 공공 기관에서 공채 선발을 하

는 경우도 있지만, 비정규직으로 일하는 직원들을 정규직으로 전환하는 경우가 늘고 있는 추세이다. 비정규직으로 일하는 동안 이미 여러 차례 근무 평가를 받았기 때문에 정규직으로서 충분한 자격을 획득했다고 판단하는 것이다.

우리나라는 특히 채용 방식에 있어서 공채 선발의 비중이 큰 편이다. 그렇다고 비정규직을 뽑지 않는 것도 아니기 때문에 현재는 업무에 따라 비정규직으로 일하는 사람이 있을 수밖에 없는 구조이다. 그렇기에 더욱 비정규직의 정규직 전환에 대한 무조건적인 반대가 과연 공평한 것인지는 생각해 볼 문제인 듯하다.

국방의 의무와 관련하여 역차별 논란이 일어나고 있는 만큼 군 복무에 대한 논의가 활발히 이루어져야 함. / 비정규직의 정규직 전환은 역차별 논란이 있지만 무조건적인 반대만이 해결할 수 있는 문제는 아님.

○ 인권

인권

우리나라에는 국가인권위원회라는 공공 기관이 있다. 이 기관은 모든 개인의 침해할 수 없는 기본적 인권을 보호하고 그 수준을 향상시키기 위해 만들어졌다.

그렇다면 인권이란 정확히 무엇을 의미하는 걸까? 국가인권위원회법 제2조 1항에는 인권의 의미를 '대한민국 헌법 및 법률에서 보장하거나 대한민국이 가입·비준한 국제인권조약 및 국제관습법에서 인정하는 인간으로서의 존엄과 가치 및 자유와 권리'라고 정의하고 있다. 쉽게 말해 인권은 우리가 태어나면서부터 가지는 기본적 권리라는 것이다.

이러한 권리를 보호하기 위해 국가 기구뿐만 아니라 국제기구도 만들어 세계 각국이 협력하고 있다. 가장 대표적인 국제기구가 바로 국제연합United Nations, UN이다. 흔히 유엔이라고도 부르는 이 국제기구는 전쟁을 방지하고 평화를 유지하기 위해 다양한 활동을 하고 있다. 국제연합에는 여러 산하 기구가 있는데, 그중에서도 인권을 위해 직접적인 활동을 하는 단체로 유명한 유엔난민기구UNHCR는 난민의 인권을 보호하고 난민 문제를 해결하기 위해 1949년 12월 3일 유엔 총회에서 창설되었다. 국가 기구나 국제기구 외에도 인권과 관련된 단체는 셀 수 없이 많다. 특히 공공의 이익을 위해 활동하는 비정부기구NGO는 유니세프, 월드비전 등 국제적인 시민 단체를 비롯해 천주교인권위원회, 인권운동사랑방, 인권연대 등 국내에도 그 수가 많다.

이렇게 많은 단체들이 인권을 보호하기 위해 곳곳에서 다양한 활동을 이어가고 있지만, 정작 인권에 대해 관심을 가지는 사람의 수가 적다면 이러한 활동이 거둘 수 있는 효과는 미미할 것이다. 따라서 인권과 관련된 단체에서는 어떤 일들을 하는지에 대해 지속적으로 관심을 가지고, 간접적으로나마 인권 보호를 위해 내가 할 수 있는 일은 무엇인지 알아보는 것이 중요하다.

학생 인권

지금은 학교 내 체벌이 엄격히 금지되어 있지만, 과거에는 체벌을 '사랑의 매'라고 하며 이를 크게 문제 삼지 않았다. 그래서 옛날 영화나 드라마만 봐도 선생님이 학생을 체벌하는 장면을 어렵지 않게 볼 수 있는 것이다. 회초리는 기본이고, 심지어는 손으로 때리는 경우도 빈번했으며 오리걸음으로 운동장을 돌게 시키거나 교실 뒤쪽이나 복도로 나가 수업이 끝날 때까지 손을 들고 있게 하기도 했다. 그러나 사랑의 매로 둔갑한 이와 같은 체벌들은 사실 모두 인권 침해에 해당하는 행위이다.

　서울특별시 학생인권 조례 제6조 1항에서는 '학생은 체벌, 따돌림, 집단 괴롭힘, 성폭력 등 모든 물리적 및 언어적 폭력으로부터 자유로울 권리를 가진다.'고 규정하고 있다. 이에 따라 서울 소재의 모든 초등학교, 중학교, 고등학교의 학생들은 체벌을 받지 않을 권리가 있다.

과거에는 체벌만큼이나 소지품 검사도 흔한 일이었다. 그래서 학습에 방해가 되는 물건이 발견되면 그 자리에서 선생님에게 압수당하기 일쑤였는데, 이러한 행위 역시 현재는 금지되어 있다. 이 역시 인권을 침해하는 행위이기 때문이다. 실제로 서울특별시 학생인권 조례 제13조에는 다음과 같이 명시되어 있다.

제13조 1항 학생은 소지품과 사적 기록물, 사적 공간, 사적 관계 등 사생활의 자유와 비밀이 침해되거나 감시받지 않을 권리를 가진다.

2항 교직원은 학생과 교직원의 안전을 위하여 긴급한 필요가 있는 경우가 아니면 학생의 동의 없이 소지품을 검사하거나 압수하여서는 아니 된다.

인권은 나이, 신분, 성별에 따라 달라지는 것이 아니며 학생이라는 이유로 마땅한 권리를 행사할 수 없는 것은 더더욱 아니다. 따라서 학습 환경에 반드시 필요한 규칙 이상의 제재는 학생 인권 보장의 차원에서 지양해야 한다.

인권은 나이, 신분, 성별에 상관없이 모든 사람이 태어나면서부터 가지는 기본 권리. / 학생은 인권을 존중받을 권리가 있으며 학교 내 체벌과 소지품 검사는 인권 침해 행위에 해당됨.

열등감

우리나라 교육을 '부러움'과 '부끄러움'을 가르치는 과정이라고 이야기하는 사람들도 있다. 특히 우리나라의 대학은 학교뿐 아니라 학과까지 피라미드식으로 서열화되어 있어 대학 입시 과정에서부터 상당한 스트레스를 받게 된다. 예를 들어, 친구들이 좋은 대학교에 가면 부러우면서도 한편으로는 왜 나는 그만큼 좋은 대학교에 가지 못했을까 하는 부끄러움이 든다. 하지만 우리나라에서 가장 좋다는 대학교에 입학한 사람도 미국 아이비리그 대학을 나온 사람 앞에서는 비슷한 감정이 들기 마련이다. 우리나라에 사는 많은 사람들이 이러한 열등감을 느끼는 데에는 서열화를 부추기는 사회 분위기의 영향이 크다.

그러나 열등감은 불행의 씨앗이다. 남들과 끊임없이 비교하며 스스로를 불만족의 상태로 두어야 하기 때문에 열등감을 가지고 있으면 결코 행복한 삶을 살 수 없다. 남들이 존재하는 한 비교는 끝나지 않을 테니까 말이다.

따라서 열등감에서 벗어나기 위해서는 남들과 비교하는 태도에서 벗어나야 한다. 그리고 자신이 사랑과 존중을 받을 만한 가치가 있는 존재이고 어떠한 성과도 이루어 낼 수 있는 사람이라고 믿는 가치관, 즉 자존감을 키워야 한다.

자존감

우리 사회는 '다름'과 '틀림'을 제대로 구별하지 못하는 경우가 많다. 예를 들면, 환경미화원과 사무직은 '다른'

직업이지 어느 한쪽이 '틀린' 직업이라 할 수 없고, 친구와 나의 생각이 '다른' 것이지 누구의 주장이 '틀린' 것이라고 할 수 없다. 틀리다는 개념은 수학 문제를 풀 때처럼 정답이 있는 경우에만 쓰는 것이다.

우리가 살아가는 사회에는 정답이 존재하지 않기 때문에 '다름'을 인정해야만 서로를 이해하고 함께 살 수 있다. 그렇기 때문에 나 자신을 스스로 인정하는 '자존감' 또한 다름을 인정하는 것에서부터 시작된다. 즉, 살아가는 방식, 외모, 직업, 가치관, 종교, 문화 등에는 많은 경우의 수가 있음을 인정하고 나도 남들과 다를 수 있다는 것을 받아들일 때 비로소 자존감을 가질 수 있다.

외모 평가

안타깝게도 우리 사회에는 아직까지도 다름을 인정하지 못하는 분위기가 남아 있다. 그중에서도 가장 문제가 되는 부분이 바로 외모이다.

외국인들이 성형 수술을 받기 위해 우리나라에 직접 방문할 만큼 우리나라의 성형 관련 의료 기술은 전 세계적으로 인지도가 높은 편이다. 우리나라는 왜 유독 성형 기술이 이토록 발달하게 된 걸까? 아마도 많은 사람들의 마음속에 자연스럽게 자리 잡은 외모 콤플렉스 때문일 것이다.

우리는 어렸을 때부터 TV나 영화 속에서 큰 키에 마른 체형, 뚜렷한 이목구비를 가진 연예인들을 보면서 이상적인 외모에 대한 절대적인 기준을 정하고 그들처럼 되고 싶다는 마음을 자연스레 가지게 된다. 하지만 그것은 곧 자신의 외모를 불만족스럽게 여기는 외모 콤플렉스로 이어지게 되고, 이상적인 외모에 가까워지기를 원하는 사람들이 하나둘 성형외과를 찾기 시작하면서 우리나라의 성형 기술이 발달하게 된 것이다.

외국의 경우 외모를 평가하는 말이나 행동이 금기시되어 있는 경우가 많다. 외모는 머리 모양, 피부색, 눈동자 색깔, 얼굴 생김새, 옷차림 등을 다 포함하는 개념이라서 무심코 했다가는 인종 차별과 관련하여 사회적으로 큰 논란을 일으킬 수도 있다.

외모를 평가하거나 지적하는 것은 인권 침해의 문제이기도 하다. 아무리 듣기 좋은 칭찬이라고 해도 잘생

기고 예쁘다는 표현, 통통하다거나 말랐다는 표현에는 누군가를 특정한 기준으로 평가하는 의미가 들어 있다.

자신 또는 누군가의 겉모습을 평가하기보다는 겉모습의 다양성을 인정하는 태도를 가지는 것이 중요하다. 이것이 곧 모두가 존중받는 조화로운 세상을 만드는 첫걸음이기 때문이다.

열등감은 불행의 씨앗으로, 열등감에서 벗어나기 위해서는 자존감을 키우는 것이 중요. / 다름을 인정하는 것이 자존감 향상의 출발점. / 겉모습의 다양성을 존중하기 위해 외모를 평가하는 모든 말이나 행동은 삼가야 함.

정보의 의미

정보는 많은 개념을 가지고 있다. 넓게는 남이 나에게 전달해 주는 것이나 내가 남에게 전달하는 모든 형태를 의미하고, 좁게는 의사 결정을 위해 특정 데이터를 제공하는 것을 의미한다.

'공공 기관의 정보공개에 관한 법률'에 따르면 정보란 '공공 기관이 직무상 작성 또는 취득하여 관리하고 있는 문서(전자문서 포함) 및 전자매체를 비롯한 모든 형태의 매체 등에 기록된 사항'이라고 정의하고 있다. 정보공개법이라고도 불리는 이 법안은 국민의 알 권리를 위해 만들어졌기 때문에 여기에서의 정보는 주로 공공 기관의 정보를 지칭한다.

정보의 사용은 사람들에게 도움이 되는 경우도 많지만 부작용을 낳기도 한다. 가령 카드사가 보유하고 있는 카드 사용 내역은 효과적인 마케팅을 위해서는 좋은 정보가 될 수도 있지만, 개인의 동선이 노출될 수도 있다는 점에서 사생활을 침해하는 나쁜 정보가 될 수도 있다. 이처럼 정보는 어떻게 사용하느냐에 따라 이로울 수도, 해로울 수도 있는 양면적인 속성을 지니고 있다.

DNA 데이터베이스

2010년 '디엔에이신원확인정보의 이용 및 보호에 관한 법률'이 국회에서 제정되었다. 이 법에 따라 각종 범죄를 저질러 형벌을 받고 있는 사람이나, 보호 관찰, 치료 감호, 소년법에 따라 보호 처분을 받고 있는 사람의 DNA를 채취할 수 있다.

그런데 이 제도가 몇 가지 문제점을 가지고 있다는

주장이 제기되었다. 먼저, 이 제도가 범죄를 예방하고 범인을 신속히 검거하는 것을 넘어 사람을 감시하는 영역까지 갈 수도 있다는 점이다. 실제로 재개발 보상 문제로 경찰과 철거민이 대치하다가 서른한 명이 죽거나 다쳤던 '용산 참사 사건'의 철거민과, 대규모 해고에 반발하여 공장을 점거하고 파업을 벌였던 '쌍용차 사태'의 노동자들을 대상으로 DNA 채취가 이루어져, 이들은 2011년 6월 'DNA법'에 대한 헌법 소원을 제기했다. DNA는 민감한 개인 정보로 기본권이 침해될 우려가 있고, 정보가 함부로 유출될 위험이 있으며, 위조 및 조작, 그리고 오·남용의 가능성이 높다는 이유에서였다. 또한 채취가 필요한 경우라도 그 대상을 매우 엄격하게 한정해야 한다고 주장했다. 그러나 헌법 재판소는 이 법이 헌법에 위배되지 않는다고 결정했다. 즉, DNA를 채취하는 것과 그 법률이 헌법 정신과 크게 다를 것이 없다는 결정을 내린 것이다.

하지만 DNA 채취는 분명 많은 고민이 따라야 하는 문제이다. DNA를 저장하고 관리하는 것은 그 자체로 인권 침해 요소가 강하기 때문이다. 그리고 DNA 정보는 한 개인에만 국한되는 것이 아니라 혈연관계에 있는 사람들과 공유된다는 특성이 있어 DNA 데이터베이스를 도입한 국가들에서는 용의자가 아니라 용의자의 부모나 형제자매의 DNA를 수사 실무에서 이용하는 '가족 검색 familial searching'이 확산되었고, 이는 인종 차별이나 연좌제와 다름이 없다는 비판을 불러일으켰다며 DNA 채취에 대한 또 다른 문제의 가능성을 언급하는 의견도 있었다. 가족이라는 이유 하나로 국가 기관에 DNA가 등록된다는 것은 상당히 불합리한 처사일지도 모른다.

DNA법이 가진 또 다른 문제로, 국가 공권력에 의한 피해자에게도 DNA를 채취할 수 있도록 하여 일상에서 불안감을 조성한다는 점이 있다. 앞서 이 법에 대한 헌법 소원을 제기했던 용산 참사 사건의 철거민과 쌍용차 사건의 노동자는 사실상 범죄자가 아니라 피해자에 가깝다. 그런데 국가에서는 이들이 법을 위반했다는 이유로 DNA를 채취하고 그것을 저장 및 관리, 즉 데이터베이스화하고 있는 것이다.

범죄 예방과 인권 침해를 둘러싼 논쟁은 이전부터 계속되어 왔다. 이와 같이 민감한 정보들을 어떻게 사

용할지는 우리 사회가 계속해서 의견을 조율해 나가야
할 문제이다.

✏️✏️ --------------------------------

정보는 어떻게 사용하느냐에 따라 이로울 수도, 해로울 수도 있는
양면적 속성을 지님. / DNA를 채취하여 데이터베이스화하는 것은
누군가를 감시하는 데에 사용되거나, 연좌제로 이어질 수 있다는 문
제점을 가지고 있음.

종교의 의미

인류가 진화하면서 갖게 된 가장 큰 고민거리는 단연 죽음일 것이다. 사람들은 자신이 어디서 왔고, 죽은 뒤에는 어디로 가는 것인지 늘 알기를 원했다. 사람이 죽으면 몸은 사라지지만 그의 사상과 행적은 사라지지 않는다는 믿음, 즉 영혼이 존재한다는 생각에서부터 종교는 시작되었다.

　지구상에는 셀 수 없을 정도로 많은 종교가 있지만, 그중 기독교, 불교, 이슬람교, 힌두교, 유대교를 세계 5대

종교로 꼽는다. 이 종교들은 전 세계적으로 신자의 수가 많기도 하지만, 과거부터 현재까지 다양한 형태로 사회에 엄청난 영향력을 발휘해 왔다는 특징을 가진다.

이슬람교의 경우 종교가 주로 국가적·지역적 운영 체계에 그대로 반영되다 보니 종교와 정치를 구분하기 힘들 만큼 종교가 가지는 영향력이 매우 크다. 또, 미국의 경우 대통령이 취임하면 오른손은 선서를 하고 왼손은 성경 위에 얹는 관습이 있는데, 종교의 자유가 있는 나라이지만 청교도들이 세운 국가라는 종교적 역사를 바탕으로 전통을 따르는 것이다. 이러한 방식의 취임 선서가 헌법상 규정에 의한 것은 아니기에 성경이 아닌 법전을 두고 선서를 한 대통령도 있었지만, 대부분은 초대 대통령이었던 조지 워싱턴^{George Washington}의 선례에 따라 성경에 손을 얹고 선서를 한다.

이처럼 종교는 정치, 문화, 사회적으로 엄청난 영향력을 행사한다는 점에서 우리 사회에 중요한 요소 중 하나라고 볼 수 있다. 저마다 교리도 다르고 믿음을 표현하는 방식도 다르지만, 사람들에게 위로와 안식을 주는 것은 같기 때문에 모든 종교가 차별이나 편견 없이 존중받아야 한다. 그러기 위해서는 특정 종교를 강요하기보다는 서로의 다름을 인정하는 태도가 첫 번째가 되어야 한다.

종교 테러

2001년 9월 11일, 미국에서 민간 항공기 네 대가 동시에 납치되었는데, 이 중 두 대가 뉴욕의 110층짜리 세계무역센터^{WTC}, 일명 '쌍둥이 빌딩'으로 돌진했다. 이 공격으로 빌딩은 처참하게 붕괴되었고 뉴욕은 한순간에 아수라장이 되었다. 뒤이어 또 다른 한 대가 미국의 방위를 담당하는 정부 기관인 펜타곤을 공격했고, 나머지 한 대는 펜실베이니아주에 추락했다. 약 3천 명이 사망하고 6천 명 이상의 부상자가 발생한 이 끔찍한 사건이 세계 역사상 최악의 테러로 손꼽히는 '9·11 테러'이다.

미국연방수사국^{FBI}의 조사 결과 범인들은 모하메드 아타^{Mohamed Atta}를 비롯한 열아홉 명의 알 카에다 조직원들로 밝혀졌다. 알 카에다란 사우디아라비아 출신인 오사마 빈 라덴^{Osama bin Laden}이 창시한 이슬람 극단주의 무장 세력으로, '반미국', '반유대'를 내세우는 이슬람 종교 집단이다. 이에 미국은 9·11 테러에 대한 강경 대응으로 알 카에다 근거지인 아프가니스탄을 침공하며 테러와의 전쟁을 선포했다. 미국의 공격은 몇 년 동안 계속 이어졌고, 결국 오사마 빈 라덴은 2011년 5월 파키스탄의 수도인 이슬라마바드 외곽에 있던 은신처에서 미군 특수부대의 공격을 받고 사망했다.

이러한 전쟁이 갖는 가장 큰 문제점은 테러 조직원들뿐 아니라 다수의 무고한 민간인들이 다치거나 목숨을 잃는다는 것이다. 종교 테러가 발생하는 원인은 역사적으로 매우 복잡하지만, 어떠한 경우에도 무고한 사람들의 생명을 빼앗는 행위는 정당화될 수 없다. 그러나 종교를 명분으로 삼는 테러 행위는 지금도 세계 곳곳에서 계속 일어나고 있으며 수많은 희생자를 낳고 있다. 특히 최근에는 급진 수니파* 무장 단체인 일명 'IS'가 프랑스 파리, 벨기에 브뤼셀 등에서 테러를 저지르며 잇따

---

* 순나(Sunnah)를 수호하는 이슬람교의 정통파로 이슬람교도의 약 90%를 차지한다.

른 피해를 발생시켜 전 세계를 공포에 빠뜨리기도 했다.

종교는 사람들에게 안식처가 되어 주고 곳곳에 선한 영향력을 미치기도 하지만, 이처럼 종교를 절대시하거나 다른 종교를 무조건적으로 배척하면 엄청난 갈등을 일으키는 원인이 되기도 한다. 따라서 종교의 다양성을 인정하는 태도만이 무고한 생명의 희생을 막을 수 있는 유일한 방법이다.

종교는 정치, 문화, 사회적으로 엄청난 영향력을 행사함. / 종교를 명분으로 한 종교 테러가 세계 곳곳에서 일어나고 있음. / 종교를 절대시하거나 타 종교를 무조건적으로 배척하면 갈등이 발생할 수 있으므로 특정 종교를 강요하기보다는 다름을 인정하는 태도가 필요함.

ㅈ 주권

우리나라 주권 침탈의 역사

주권이란 국가를 구성하는 중요한 요소 중 하나로, 국가의 의사를 최종적으로 결정하고 행사하는 권력을 말한다. 우리나라는 1910년부터 무려 35년 동안 일제의 식민 지배를 받으면서 외교권과 자주권 및 국가의 주권을 전부 상실하고 모든 권리를 일본에 강탈당했다. 이는 1910년에 맺어진 한일 병탄 조약 체결에 의한 것이었는데, 그 조약의 주요 내용은 다음과 같다.

제1조 한국 황제 폐하는 한국 정부에 관한 일체의 통치권을 완전, 또 영구히 일본 황제 폐하에게 양여한다.

제2조 일본국 황제 폐하는 앞 조항에 기재된 양여를 수락하고, 완전히 한국을 일본 제국에 병합하는 것을 승낙한다.

한일 병탄 이후 민중들의 고통은 이루 말할 수 없을 정도였다. 일본은 한국어를 사용하지 못하도록 모든 학교에서 일본어를 '국어'로 지정하여 가르치도록 하고, 일왕에 대한 충성심을 기르는 교육을 강요했다. 뿐만 아니라 가혹한 세금 부과와 강제 징용 등 여러 방식으로 한국인을 탄압했다.

우리나라는 빼앗긴 주권을 되찾기 위해 온몸으로 항거했다. 1919년 서울 탑골공원에서 시작되어 전국적으로 확산된 3·1 운동이 대표적인 국가 주권 회복 운동이다. 이러한 움직임은 일제 강점기 내내 끊이지 않고 계속 이어졌으며 일제 치하에서 벗어나 우리나라의 운명을 우리 스스로 결정하는 주권 국가가 되기 위해 많은 독립투사들이 목숨을 걸고 싸운 끝에 1945년 8월 15일, 비로소 독립을 이뤄 낼 수 있었다.

참정권

국민들은 선거를 통해서 권력을 행정부 및 입법부에 위임한다. 요건을 갖추면 국민 누구나 투표를 함으로써 직접 정치에 참여할 수 있고, 대통령, 국회 의원, 지방 의회 의원 및 지방 자치 단체장 등에 직접 출마를 할 수도 있다. 이렇게 직간접적으로 정치에 참여하는 것을 '참정권'이라고 한다. 참정권은 민주공화국에서 기본이 되는 요소, 즉 헌법이 보장하는 국민의 권리이다.

이 중 투표할 수 있는 권리인 '선거권'은 특별한 경우가 아니라면 만 18세 이상의 국민 누구나 가질 수 있다. 선거에 출마하여 당선인이 될 수 있는 기본 권리인 '피선거권'은 여러 요건이 충족되어야 하는데, 그중 하나가 연령 제한이다. 대통령에 출마할 수 있는 나이는 40세 이상, 국회 의원 및 지방 의회 의원, 지방 자치 단체장에 출마할 수 있는 나이는 25세 이상이다.

우리나라는 1910년에 체결된 한일 병탄 조약으로 인해 한때 주권을 빼앗겼지만, 수많은 독립투사들이 온몸으로 항거하며 빼앗긴 주권을 되찾음. / 참정권이란 직간접적으로 정치에 참여할 수 있는 국민의 권리로 민주공화국에서 기본이 되는 요소.

차별

* 우리나라의 평등 기준

우리나라의 평등 기준

헌법 제11조에서는 '모든 국민은 법 앞에 평등하다. 누구든지 성별·종교 또는 사회적 신분에 의하여 정치적·경제적·사회적·문화적 생활의 모든 영역에 있어서 차별을 받지 아니한다.'고 규정하고 있다. '국민'의 사전적 의미는 '국가를 구성하는 사람 또는 그 나라의 국적을 가진 사람'이다.

그렇다면 우리나라 '국민'에 해당하지 않는 사람들은 어떻게 되는 걸까? 결코 차별로부터 보호를 받을 수 없는 걸까?

우리나라에 거주하고 있지만 우리나라 국민이 아닌 사람들이 있다. 그 대표적인 예가 바로 미등록 체류자와 미등록 이주 노동자이다. 과거에는 이들을 '불법 체류자'라고 불렀지만 최근에는 불법 체류자라는 말이 차별적 시각을 담고 있어 사용을 지양하는 추세이다.

미등록 이주 노동자들은 대부분이 등록 이주 노동자로 왔다가 체류 기간이 끝났음에도 본국으로 돌아가지 않은 노동자들이다. 이들은 주로 한국의 공장 및 농장 등에서 일하고 있는데, 이들에게는 근로기준법, 최저임금법 등이 제대로 적용되지 않는 경우가 많다. 오히려 약한 신분을 이용해 휴식 시간을 보장해 주지 않는다거나 밀린 임금을 주지 않는 등의 인권 침해 행위가 자주 발생한다.

국가인권위원회는 이에 대해 '국적에 기반한 어떠한 차별 없이 근로 조건을 동등하게 보장해야 하며, 이주 노동자에게 차별적인 최저 임금을 적용하는 것은 근로기준법과 국제 협약에 위반됨을 명확히 밝혀야 할 필요가 있다.'고 권고했다. 미등록 이주 노동자라고 하더라도 최저임금법, 근로기준법에 따라 정당한 대우를 받아야 할 권리가 있다는 것이다.

난민도 마찬가지이다. 국가인권위원회에서는 난민 인정 절차와 결정에 공정성을 강화하고, 난민 처우를 개선할 것을 권고했으며 필요성이 인정되는 경우 취업 금지 기간이라도 취업 활동을 허가하고 취약 계층이나 부상 및 질병으로 생계유지 활동이 어려운 난민 신청자에 대한 생계비 지원을 강화할 것을 요구했다.

이처럼 차별을 원칙적으로 금지하고자 하는 사회적 움직임에는 다름을 인정하는 개개인의 인식이 반드시 뒤따라야 한다. 차별은 어떠한 경우, 어떠한 대상에 대해서도 정당화될 수 없기 때문이다.

미등록 체류자, 미등록 이주 노동자, 난민 모두 근로기준법과 국제 협약에 따라 정당한 대우를 받을 권리가 있음. / 다름을 인정하는 개개인의 의식이 뒤따라야 차별 없는 사회를 만들 수 있음.

ㅋ

카더라 통신

* 가짜 뉴스

가짜 뉴스

'카더라 통신'이란, '~라고 하더라'의 경상도 사투리인 '~라 카더라'를 이용한 신조어로, 정확한 근거가 부족한 소문이나 추측성 이야기 등을 의미하며 '가짜 뉴스'라고 칭하기도 한다.

언론 형태가 다양해지면서 카더라 통신, 즉 가짜 뉴스가 수없이 쏟아지고 있다. 문제는 이를 전적으로 믿는 사람들이 많아짐에 따라 사회적으로 큰 혼란이 야기되기도 한다는 점이다. 예를 들어, 2016년 미국 대선 기간에 프란치스코 교황이 당시 대통령 후보였던 트럼프의 지지를 선언했다는 가짜 뉴스가 나와 트럼프에게 어느 정도 유리하게 작용한 적이 있었는가 하면, 신종 코로나바이러스 감염증(코로나19)과 관련하여 효능이 입증되지 않은 약이나 민간요법이 이 신종 코로나바이러스 감염증을 치료할 수 있다는 내용의 가짜 뉴스가 퍼져 사회를 혼란스럽게 만든 적도 있었다.

자세히 살펴보면 이야기의 출처가 명확하지 않고 제시하는 근거 또한 주관적이거나 어설픈 경우가 많은데 사람들은 왜 가짜 뉴스에 쉽게 현혹되는 걸까? 가짜 뉴스는 대개 자극적이거나 사회적으로 한창 이슈가 되는 이야깃거리와 관련된 내용들이 많아 사람들의 이목을 끌기가 상대적으로 수월하다. 게다가 다루고 있는 내용이 자극적이다 보니 사람들의 흥미도는 높아지고, 정보 공유가 쉬운 에스엔에스나 카카오톡과 같은 모바일 메신저, 유튜브 등을 통해 삽시간에 퍼져 나간다. 전파 속도가 너무 빠른 탓에 사회적 불안 또한 순식간에 높아지는데, 한번 퍼져 나간 잘못된 정보는 내용을 바로잡기가 사실상 어려워 혼란은 더욱 가중된다. 이러한 이유로 가짜 뉴스가 사회를 혼란스럽게 만드는 것이다.

정보는 빠른 것보다 정확한 것이 중요하다. 가짜 뉴스의 피해를 최소화하기 위해서는 정보를 공유할 때 내용이 사실인지 꼼꼼하게 살피고 검증하는 과정을 거쳐야 한다. 또한 이 과정에서는 전문가의 의견을 참고하는 것이 좋다. 잘못된 정보는 정신세계를 지배하여 잘못된 행동으로 이끌 수도 있기 때문이다.

언론 형태가 다양해지면서 사회적으로 큰 혼란을 야기하는 가짜 뉴스들이 쏟아지고 있음. / 가짜 뉴스는 자극적이고, 사회적으로 이슈가 되는 이야깃거리와 관련된 내용이 많아 사람들의 흥미도를 높임. / 정보를 공유하기 전에 내용이 사실인지 꼼꼼하게 살피는 것이 중요함.

토마스 페인

* 미국 독립 선언
* 프랑스 혁명
* 토마스 페인의 《상식》

토마스 페인

E

미국 독립 선언

미국은 영국의 식민지로 출발했다. 영국에서 청교도 정신을 가지고 있던 사람들이 1620년 9월 종교적 박해를 피해 '메이플라워호Mayflower'를 타고 이주해 건국한 나라가 바로 미국이다. 메이플라워호에 타고 있던 사람들은 신대륙에 도착하기 전에 선상에서 '메이플라워 서약Mayflower Compact'을 체결했다. 이 서약은 청교도적 사회 계약으로, 영국 왕에 대한 충성을 기반으로 자주적인 식민 정부의 수립을 위해 공정하고 평등한 법률을 만들

어 이에 따르고, 다수결의 원칙에 따라 공동체를 운영
할 것을 약속한 서약이다. 이는 미국 독립 정신의 기초
이자 자치 헌법의 시작이기도 했다.

그러다 1754년, 프렌치·인디언 전쟁^{French and Indian}
^{War}이 발발하게 된다. 당시 북아메리카 지역은 영국과
프랑스가 각자의 식민지를 지배하던 곳이었는데, 오하
이오강 상류 지역을 두고 싸움이 벌어진 것이다. 프랑
스는 인디언 세력과 동맹을 맺어 영국과 치열하게 싸웠
고, 두 나라 모두 막대한 전쟁 비용이 소모되었다. 그런
데 영국은 이 전쟁의 대가로 미국에 엄청난 세금을 부
과하기 시작했다. 전쟁의 당사자는 영국인데, 세금은 미
국에 징수한 것이다.

영국은 여러 가지 명목으로 미국에게서 세금을 거두
어들였는데, 미국이 특히 불만을 가진 것은 '인지세법'
이었다. 인지세법은 신문, 일간지, 카드 등 미국 식민지
에서 출판되는 모든 출판물에 세금을 부과하는 법을 말
한다. 결국 미국의 강력한 반발로 이 법은 철회되었으
나 이미 영국 본국에 대한 감정은 매우 좋지 않았고, 또
다른 불합리한 세금 정책으로 인해 미국의 불만은 더욱

쌓여만 갔다.

그러던 중 미국 독립 전쟁의 도화선이 된 '보스턴 차 사건'이 발생하게 된다. 당시 미국인들은 영국에서 수입한 홍차를 일상적으로 마시곤 했다. 그런데 어느 날 갑자기 영국이 미국 식민지의 상인들이 차를 밀수입 하는 것을 전면 금지하고, 경영난에 시달리던 영국 동 인도 회사에 차를 독점적으로 팔 권한을 부여한 것이 다. 이에 분노한 미국 식민지의 주민들이 인디언으로 위장해 1773년 12월 보스턴항에 정박해 있던 동인도 회 사의 배를 습격해 배에 실려 있던 300여 개의 홍차 상자 들을 모조리 바다에 던져 버렸다. 이 사건으로 영국은 미국 식민지에 대한 탄압을 강화하고 손해 배상을 요구 했지만, 미국에서는 이를 무시하고 격렬하게 대항했다.

결국 1774년 미국 식민지 대표 56인이 모여 1차 대 류회의를 조직했고, 렉싱턴에서 영국군과 식민지의 민 병대가 최초로 전투를 벌이게 되자 1775년 2차 대륙회 의를 통해 대륙군을 창설했다. 이때 훗날 미국의 초대 대통령이 된 조지 워싱턴이 대륙군 총사령관으로 임명 되면서 독립 전쟁을 준비했다. 그리고 1776년, 미국은 독립 선언서를 발표하며 독립을 선언했다. 이때 발표한 미국 독립 선언서는 훗날 미국의 3대 대통령이 된 토머스 제퍼슨Thomas Jefferson이 초안을 작성한 것으로 알려져 있다.

이 선언서에는 모든 사람이 평등하게 태어났다는 내용이 담겨 있는데, 이는 실로 굉장한 의미를 지닌다. 당시만 하더라도 왕, 귀족, 평민 등으로 나누어진 계급 사회였기에 인간이 모두 평등하다는 생각은 쉽게 할 수 없었기 때문이다. 또한, 선언서에는 창조주는 인간에게 양도할 수 없는 권리인 '천부 인권'을 부여했고, 그중에는 생명과 자유와 행복을 추구할 권리가 있다는 내용을 담아 영국이 미국을 착취하는 것에 대해 비판했다. 그리고 정부의 정당한 권력이 인민의 동의로부터 나오는 것이라고 선언하며 영국의 권력이 정당성을 상실했다는 의미를 담았다. 아울러 정부를 개혁하거나 폐지하여 인민의 안전과 행복을 가장 효과적으로 가져올 수 있는 새로운 정부를 조직하는 것 역시 인민의 권리라고 주장했다. 이는 곧 수탈과 핍박을 일삼는 영국의 왕으로부터 독립한다는 선언과도 같았다. 이 선언 이후 미국은

독립 전쟁에서 승리하여 영국으로부터 독립할 수 있었
고 현재의 주권 국가로 거듭나게 되었다.

프랑스 혁명

프랑스 혁명은 1789년부터 1799년까지 프랑스에서 일
어난 시민 혁명이다. 프랑스 혁명의 원인은 신분제와
그에 따른 차별적인 정책에 있었다. 당시 프랑스에는
제1신분 성직자, 제2신분 귀족, 제3신분 평민으로 구성
되어 있었다. 프랑스 인구는 성직자와 귀족이 2%, 나머
지 98%가 평민 신분이었는데, 제1 2산분은 온갖 특혜를
누리면서 세금은 전혀 내지 않았던 반면 평민들은 무거
운 세금을 부담하면서도 정치에 참여할 수 없었다. 정
치에 참여할 수 있는 권리인 참정권이 없었기 때문이
다. 즉, 한쪽은 권리만 있고 의무는 없었고, 다른 한쪽은
의무만 있고 권리는 없었던 셈이다. 성직자와 귀족들은
프랑스 재정에 문제가 생길 때마다 세금을 올렸고, 평
민들의 생활은 더욱더 힘들어져 가기만 했다. 그러던
와중에도 왕이었던 루이 16세$^{\text{Louis XVI}}$ 는 영국의 신대륙

진출을 견제하고자 무리하게 미국 독립 전쟁을 지원하고 이에 따른 과도한 군사비 지출로 프랑스를 재정 궁핍에 빠지게 했다. 이후에도 세금 충당의 부담은 평민들의 몫이었고, 루이 16세와 그의 부인 마리 앙투아네트Marie Antoinette의 사치스러운 생활에, 그렇지 않아도 전염병과 기근으로 비참한 삶을 살고 있던 평민들의 분노는 하늘을 찌를 정도였다.

이러한 사회 분위기 속에서 미국 작가이자 국제적 혁명 이론가인 토마스 페인Thomas Paine이 저술한《상식Common Sense》이라는 책이 베스트셀러가 되면서 계몽주의 사상이 유럽 전역에 퍼져 나갔다. 의사, 변호사, 사업가 등 전문 지식을 통해서 부를 축적한 전문직, 일명 '부르주아지Bourgeoisie' 계층은 혈연과 교회의 권위로 부와 권력을 향유하는 제1·2신분을 제치고 사회 지도층이 되길 원하고 있었다. 때마침 모두의 예상을 깨고 미국이 영국을 상대로 독립 전쟁에서 승리한 것이 프랑스 시민들에게 알려지면서 일종의 자극제 역할을 했다. 여론이 악화되자 루이 16세는 성직자, 귀족, 평민의 각 대표가 참석하는 회의인 삼부회를 열어 국가 재정 문제를 논의하고자 했다. 그런데 여기서 표결 방식이 문제가 되었다. 성직자와 귀족은 신분별 투표를 하길 원했고, 평민들은 모두가 개별적으로 한 표씩 행사하길 원했던 것이다. 그들의 의견은 팽팽하게 맞섰고 결국 결론이 나지 않은 채로 끝이 나게 되었으나, 이는 프랑스 혁명의 결정적 계기가 되었다.

분노한 제3신분의 대표들이 '국민의회'를 조직하고 베르사유 궁전 회의장에서 회의를 개최하려고 하자 루이 16세와 귀족 측에서 회의장을 봉쇄해 버렸다. 그러자 국민의회는 회의장이 아닌 테니스장에서 회의를 하면서 국왕과 귀족의 절대적 권위를 제한하는 헌법 제정 요구가 받아들여질 때까지 해산하지 않겠다고 선언했는데, 이것을 바로 '테니스 코트의 서약'이라고 한다.

이에 위협을 느낀 루이 16세가 군대를 모아 평민 대표들을 공격하려고 하자 이 소식을 들은 파리 시민들이 달려간 곳은 다름 아닌 바스티유 감옥이었다. 바스티유 감옥은 왕을 반대하는 정치범들을 가두고 있는 절대 왕정의 상징이자 무기와 탄약을 저장하고 있는 창고였다. 수비군을 물리치고 바스티유 감옥을 점거한 시민들은 자신감을 얻어 전국적으로 혁명을 확대해 나갔다. 그 결과, '제헌국민의회'로 명칭을 바꾼 국민의회는 1789년 8월 4일 봉건적 특권이 폐지되었음을 선언하고, 같은 해 8월 26일에 프랑스 인권 선언을 채택했다.

프랑스 인권 선언 제1조 인간은 자유롭고 평등한 권리를 지니고 태어나서 살아간다. 사회적 차별은 오로지 공공 이익에 근거할 경우에만 허용될 수 있다.

신분제 사회에서 모든 인간이 자유롭고 평등하다고 선언하는 것은 대단히 혁명적인 일이었다. 그래서 프랑스 인권 선언은 프랑스 혁명의 목표와 의의가 잘 드러난다는 의미를 넘어 인간의 기본권을 보장한 최초의 인권 선언이라는 점에서 상당한 가치가 있는 문서이다.

국민의회는 혁명에 반대하는 주변 국가와의 혁명전쟁을 벌이고 타협을 거부하는 루이 16세를 처형했다. 이후 프랑스에는 '국민공회'라는 공화정이 들어서고, 공화정 대표로 로베스피에르Robespierre가 선출되었다. 로베스피에르는 31살에 의원이 되어 불과 5년 만에 공화정의 수장이 되었다. 그는 루이 16세를 처형하는 데에도 앞장선 것으로 유명하며 집권 이후에도 부패와 불의에 물든 정치인은 비록 동료 당원이라고 할지라도 가차 없이 처단했다. 그의 이러한 정치 방식으로 그가 집권하던 시기를 '공포 정치'라고 부르기도 한다. 공포 정치 기간 동안 파리에서는 약 1,400명, 프랑스 전체에서는 약 2만 명이 처형되었다고 알려진다.

로베스피에르는 농민들에게 나라가 소유하고 있는 토지를 팔거나 영주의 권한을 폐지하는 등 민중을 위한 정치를 펼치기도 했지만, 공포 정치가 워낙 혹독했던 탓에 점차 여론의 지지를 잃어 갔다. 그리고 1794년 7월 27일, 로베스피에르와 그의 지지자들을 반대파를 추가로 제거하기 위해 의회를 열었지만 반대파들은 독재 타도를 외치며 반란을 일으켰고, 결국 로베스피에르는 처형을 당하고 말았다. 이후 혼란을 틈타 나폴레옹Napoleon이 등장해 쿠데타로 정권을 잡게 되었다.

이와 같은 과정으로 진행되었던 프랑스 혁명은 '프랑스 대혁명' 혹은 '자유주의 혁명'이라고도 일컬어지는데, 다른 혁명에 비해 규모가 크고, 왕과 귀족으로부터의 자유를 얻기 위한 혁명이었기 때문이다. 프랑스 혁명의 정신은 자유·평등·박애였다. 왕과 귀족의 권위로부터 자유롭고 모든 사람이 평등하며 모든 사람을 차별 없이 사랑하는 박애의 정신 말이다. 이 혁명의 영향으로 자유·평등·박애는 프랑스 공화국의 공식 이념으로 자리 잡아 오늘날까지 이어지고 있다.

토마스 페인의《상식》

프랑스 혁명의 자극제가 되었던《상식》은 1776년 출간된 토마스 페인의 저서로, 출간 3개월 만에 10만 부라는 어마어마한 판매량을 기록했다. 토마스 페인은 미국의 작가이자 국제적 혁명이론가였는데, 그는 이 책을 통해 영국의 체제를 비판하며 만인이 평등하기 때문에 미국의 독립은 지극히 '상식'적인 일이라고 주장했다. 이는 왕의 지배를 당연시하던 당시 사람들에게는 엄청난 충격으로 다가올 수밖에 없는 사상이었다.

우리를 괴롭히고 고통스럽게 하는 정부(영국 정부)라면

차라리 없는 것이 낫다. 인간을 사랑하는 사람들이여! 독재만이 아니라 독재자를 반대하는 그대들이여. 떨쳐 일어서라!

위 글은 《상식》에 등장하는 한 구절이다. 작가는 시민들에게 왕의 권위에 대한 정당성에 의문을 던지게 하고 봉기하라는 메시지를 건넸다. 특히 군주제와 권력 세습을 매우 비판적인 시각으로 바라봤고, 영국 왕의 자리가 하나님이 주신 권위가 아니기 때문에 영국이 미국에게 가하는 탄압은 부당하다고 주장했다. 또한, 미국에서는 법이 왕이라고 선언하기도 했다. 당시로서는 적잖이 파격적이었던 이 책은 인권과 평등의 가치에 대한 화두를 던지며 시민을 일깨워 미국 독립 전쟁, 프랑스 혁명에 지대한 영향을 미쳤다는 역사적 가치를 지니고 있다.

메이플라워 서약은 미국 독립 정신의 기초이자 자치 헌법의 시작. / 미국은 독립 전쟁의 도화선이 되었던 '보스턴 차 사건' 이후, 1776년 평등과 자유를 강조한 독립 선언서를 발표함. / 프랑스 혁명은 자유 평등 박애의 가치를 이념으로 내세움. / 토마스 페인의 《상식》은 시민들을 일깨우고 미국 독립 전쟁과 프랑스 혁명에 지대한 영향을 미침.

편견

* 편견의 의미
* 편견의 대상

폭력

* 악플
* 가정 폭력

표현의 자유

* 개인의 표현의 자유
* 학생의 표현의 자유

ㅍ
편견

편견의 의미

명절 때 음식은 여자들이 하는 것이라든가, 동남아 사람들은 모두 키가 작다든가, 흑인들은 모두 힘이 세다든가 하는 생각을 한 번쯤은 해 본 적이 있을 것이다. 이러한 생각이 바로 '편견'에 해당한다.

편견이란 어떤 대상을 공정하게 보지 않고, 한쪽으로만 앞서 판단하는 것을 말한다. 편견은 대개 사회적 환경이나 잘못된 지식, 문화적 배경에서 비롯된다.

물론 사람이라면 누구나 편견을 가질 수 있다. 문제

는 자신이 편견을 가지고 있음을 부정하고 그러한 편견을 절대적 진리로 착각하는 것이다. 하지만 편견이 가득한 세상은 차별을 낳고, 차별은 결국 폭력을 만들어 낸다.

편견의 대상

편견은 대상을 가리지 않고 나타난다. 과거에는 학생들이 머리를 짧게 하고 다녀야 공부에만 집중할 수 있어 학습 능률이 오른다는 편견이 있었다. 그래서 학교에서 학생들의 머리 길이를 규제했고, 기준이 되는 길이를 넘기면 가위로 직접 학생들의 머리를 자르기도 했다. 하지만 이것은 터무니없는 편견에 불과하다. 애초에 머리 길이는 성적 혹은 학습 능률과 전혀 상관관계가 없다. 머리가 길어도, 외모에 신경을 써도 공부에 대한 열정만 있다면 원하는 학습 목표에 도달할 수 있다.

여성에 대한 편견도 여럿 있다. 대표적인 것이 여성의 업무 능력이 남성에 비해 떨어진다는 것이다. 이와 같은 이유로 남성과 여성의 임금에 차이가 있는 것인데, 이 역시 근거 없는 편견일 뿐이다. 하지만 지금까지도 이러한 편견은 사회에 만연하다. 실제로 우리나라는 남성이 100만 원의 임금을 받는다고 할 때, 여성은 그보다 34.6% 낮은 65만 원 정도를 받는다고 한다. 이는 OECD 회원국 평균 성별 임금 격차인 13.2%보다 훨씬 높은 수치이다.

성별에 따른 업무 능력에 대한 편견은 정치권에서도 나타난다. 20대 국회에서 여성 의원의 비율은 17%밖에 되지 않을 만큼 국회 의원 중 여성의 비율은 남성에 비해 절대적으로 적었다. 우리나라 최초의 여성 의원이었던 박순천 의원이 활동했을 당시에는 지금의 서울시 의회 건물을 사용했는데, 그곳에는 아예 여성 화장실이 없었다고 한다. 화장실과 같은 기본적 시설도 구비되어 있지 않았던 것으로 보아, 여성은 국회 의원이 될 수 없을 것이라는 편견이 당시 사회의 지배적인 인식이었음을 짐작할 수 있다.

장애인에 대한 편견도 여전히 많다. 그중 하나는 정신 장애인이 범죄를 저지를 확률이 높다는 것이다. 그러나 대검찰청의 2017년 범죄 분석에 따르면 정신 장애인의 범죄율은 0.136%로, 같은 기간 전체 인구 범죄율인 3.93%에 비하면 30분의 1 수준에 불과하다. 또 다른 편견으로는, 정신 장애인은 이상한 화법으로 이야기를 할 것이라는 인식이다. 이는 영화나 드라마 같은 방송 매체에서 특정한 화법을 사용하는 정신 장애인의 모습을 부각함으로써 생겨난 편견이다.

이러한 편견들은 당사자에게 큰 고통을 줄 수 있다. 편견을 없애기 위해서는 의식을 개선하려는 각자의 노력도 중요하겠지만 인권 교육을 강화하고 어릴 때부터 끊임없는 훈련과 교육에 힘쓰고자 하는 가정 및 사회의 노력이 매우 중요하다.

편견이란 어떤 대상을 공정하게 보지 않고 한쪽으로만 앞서 판단하는 것으로, 대개 사회적 환경이나 잘못된 지식, 문화적 배경에서 비롯됨. / 학생, 여성, 장애인 등에 대한 편견은 우리 사회에 만연해 있음. / 편견을 없애기 위해서는 개인과 사회가 함께 노력해야 함.

악플

과거의 폭력이 대부분 물리적 폭력이었다면 현재는 악플과 같은 사이버 폭력이 늘고 있다. 악플은 인권을 침해하는 행위이자 형법상 명예 훼손과 모욕죄에 해당하는 범죄 행위이기도 하다. 즉, 처벌을 받을 수도 있다는 것이다.

예전부터 유명 연예인이나 스포츠 스타 들은 악플로 늘 고통을 호소할 정도로 그 피해가 심각했다. 그런데 최근에는 에스엔에스가 발달하면서 유명인이 아닌 일반 사람들도 악플로 인해 정신적 피해를 입는 경우가 많다.

일례로, 2017년 9월 한 커뮤니티에 240번 버스를 탄 모녀가 있었는데, 네 살 정도로 보이는 아이 혼자서 하차를 했고 이를 뒤늦게 안 엄마가 곧바로 정차를 요구했지만 버스 기사가 정차 요구를 무시하며 욕설까지 했다는 글이 올라온 적이 있었다. 이 글은 삽시간에 여러 커뮤니티로 퍼져 나갔고, 이후 기사화까지 되면서 버스 기사에 대한 수많은 악플이 달렸다. 하지만 알고 보니 아이는 일곱 살이었으며, 아이 엄마가 정차를 요구한 것은 아이가 내리고 한참 후 차선까지 바꾼 시점이었고, 버스 기사는 욕설을 전혀 한 적이 없는 것으로 드러났다. 사실이 아닌 정보로 인해 자신을 공격하는 수많은 악플들로 괴로워했던 버스 기사는 극단적인 선택까지 생각했다는 인터뷰를 하기도 했다.

이처럼 악플은 심리적으로 큰 충격을 주어 피해자에게 평생 씻을 수 없는 상처를 남기기도 한다. 익명으로 악플을 달거나 악플을 단 후 삭제해 버리면 자신이 드러나지 않을 것이라 생각할지도 모르지만 최근에는 디지털 포렌식* 기술로 누가 어떤 사이트에 방문하고 댓글을 달았는지 등을 어렵지 않게 찾아낼 수 있다. 따라서 무심코 쓴 악플을 대수롭지 않게 여겨서는 안 되며 정당한 비판과 무분별한 비난의 차이를 명확히 인지할 줄 알아야 한다.

가정 폭력

폭력은 타인이 아닌, 부모나 배우자, 자식, 형제자매 등 가족에게 가해지기도 한다.

가장 흔히 일어나는 가정 폭력의 유형은 부모가 아이에게 가하는 폭력이다. 과거에 비해 많이 사라지고 있는 추세이지만, 여전히 폭력이 단지 훈육의 한 방법이자 사랑이라는 인식이 남아 있다.

아이를 때리거나 언어적 폭력을 행하는 것이 정말 사랑일까? 아이들은 성인과 달리 신체적으로나 정신적

....
* 스마트폰이나 컴퓨터 등 디지털 매체에 있는 각종 전자 정보 및 위치 정보 중에서 디지털 증거를 수집하고 분석하는 수사 기법

으로나 발달 단계에 있기 때문에 폭력이 아닌, 특별한 보호와 세심한 배려가 필요하다. 또한 아이들은 태어나는 순간부터 온전한 인격체로 대우받을 권리가 있다. 유엔아동권리협약에서도 '모든 형태의 학대와 방임, 차별, 폭력, 고문, 징집, 부당한 형사 처벌, 과도한 노동, 약물과 성폭력 등 어린이에게 유해한 것으로부터 보호받을 권리'가 있음을 명시하고 있다. '사랑의 매'라는 말은 아이들은 맞아야 말을 듣는다는 사회적 편견에서 비롯된 것일 뿐이다.

가정 폭력은 부부 사이에서도 일어난다. 예전만 해도 부부 간 폭력은 범죄가 아니라 사생활이며 가정 내에서 해결해야 하는 문제라는 인식이 많았다. 그래서 경찰을 불러도 가해자를 처벌하기가 사실상 어려웠다. 그러나 최근에는 부부 간 폭력도 명백한 범죄 행위라는 사회적인 문제의식이 생겨나면서 이에 대한 처벌을 강화해야 한다는 목소리가 높아지고 있다.

다른 사람에게 당한 폭력도 평생 잊지 못할 상처로 남는데, 가해자가 나의 가족이라면 그 충격은 말로 다할 수 없을 정도로 클 것이다. 과거에는 암묵적으로 용인되었을지 몰라도 가정 폭력은 그야말로 폭력 행위이며 우리 사회에서 반드시 사라져야 할 악습 중 하나이다.

에스엔에스가 발달하면서 유명인은 물론 일반인까지 악플의 공격 대상이 됨. / 악플은 정신적으로 큰 충격을 주어 피해자에게 씻을 수 없는 상처를 남김. / 과거에는 암묵적으로 용인되기도 했던 가정 폭력은 명백한 범죄 행위.

표
현
의

자
유

개인의 표현의 자유

사람은 다양한 수단으로 자기 자신을 표현한다. 말, 글, 표정, 몸짓, 옷, 헤어스타일 등 사실상 모든 것이 표현의 수단이 된다.

이러한 '표현의 자유'는 민주주의 사회를 이루는 근간이기도 하다. 이것이 제한되는 대표적인 곳이 바로 군대이다. 군대에서는 헤어스타일, 옷, 생활 방식 등 거의 모든 것이 획일화되어 있다. 개인보다는 단체 중심의 규율이 우선시되기 때문이다. 죄수들도 마찬가지이다. 이름은 사라지고 수인 번호로 호명되며, 범죄 종류에 따라 죄수복 색깔을 맞춰 입는다.

특별한 규율이 없는 곳에서도 표현의 자유가 위축되는 경우가 있다. 권위적인 조직 문화가 있는 곳일수록 더욱 그렇다. 머리를 염색하고, 구멍 난 청바지를 입고, 귀를 뚫어 눈에 띄는 액세서리를 하는 등 학생 때는 아무런 문제가 되지 않았던 것들이 직장인이 되는 순간 문제가 될 수 있다. 특히 공공 기관이나 고객을 응대하는 일이 잦은 은행 및 보험사 같은 곳에서 일을 하면 개성을 드러내는 복장이나 헤어스타일이 보다 더 철저하게 제한되는 편이다.

개인보다 조직을 더 우선시할수록 표현의 자유는 위축된다. 조직 내에서 개인의 표현의 자유를 어디까지 억압해도 되는 것인지는 생각해 봐야 할 문제이다.

학생의 표현의 자유

불과 몇 년 전까지만 해도 대부분의 중·고등학교에서는 학생들의 헤어스타일이나 머리 길이, 복장 등을 규제했었다. 염색이나 파마는 당연히 안 되고, 머리 길이에도 구체적인 기준을 두었다. 또 교복 바지나 치마의 통, 기장 등을 변형하지는 않았는지 수시로 점검하곤 했다. 그리고 이를 어길 시 학생들은 체벌이나 벌점을 받았다. 학생들의 두발 및 복장 단속은 이처럼 당연하게 여겨졌었다.

그러나 시대가 변하면서 학생들에게도 표현의 자유를 보장해 주어야 한다는 목소리가 나오기 시작했다. 이에 서울특별시교육청은 2018년부터 서울 지역의 중·고등학교에 학생들의 두발 자유화를 시행할 것을 권고했다. 서울특별시 학생인권 조례 12조에서도 '학생은 복장, 두발 등 용모에 있어서 자신의 개성을 실현할 권리를 갖는다.'고 규정하고 있다.

두발 자유화를 반대하는 입장에서는 학생을 구별하기가 어렵고, 과도하게 외모에 신경을 쓰게 되어 공부에 방해가 될 것이라고 주장한다. 우리나라의 중·고등학교는 사실 대학교에 가기 위한 '수단'이라는 인식이 강하다. 그렇다 보니 중·고등학교에서 강제하는 체벌, 두발 단속 등의 규칙까지도 대학을 가기 위한 수단에 포함된다고 여겨 6년 정도는 통제를 받더라도 어쩔 수 없다고 인식하는 것이다. 학생 개인의 개성보다는 대학에 가기 위해 조직적 문화를 더욱 중요시 여기는 것과도 다름없다.

민주주의가 발전한 유럽이나 미국에서는 표현의 자유를 매우 중요하게 여긴다. 1791년에 제정된 미국 수정헌법 제1조에서는 자유로운 종교 활동을 방해하거나, 언론의 자유를 막거나, 출판의 자유를 침해하거나, 평화로운 집회의 자유를 방해하거나, 정부에 대한 탄원의 권리를 막는 어떠한 법 제정도 금지하고 있다. 표현의 자유가 민주주의의 핵심 가치이기 때문이다. 그래서 이러한 가치를 공유하는 미국의 중·고등학교에서는 두발단속과 같은 교칙이 사실상 없다.

표현의 자유는 인간의 기본권이다. 즉, 태어나면서부터 가지는 천부적인 권리라는 뜻이다. 헌법 제10조에서는 '모든 국민은 인간으로서의 존엄과 가치를 가지며, 행복을 추구할 권리를 가진다. 국가는 개인이 가지는 불가침의 기본적 인권을 확인하고 이를 보장할 의무를 진다.'고 규정하고 있다. 분명한 것은 헌법에서 언급한 '모든 국민' 안에는 당연히 학생들도 포함되며 학생을 규정하는 그 어떤 의무도 인간의 기본권 위에 있을 수 없다는 점이다.

표현의 자유는 민주주의 사회를 이루는 근간. / 개인보다 조직을 우선시할수록 표현의 자유는 위축됨. / 학교 내 두발 및 복장 규제는 학생의 표현의 자유를 억압하는 행위.

헌법의 의미

헌법이란 무엇일까? 헌법은 한자로 '법 헌(憲)' 자에, '법 법(法)' 자를 사용하는데, 헌 자는 '해로울 해(害)' 자와 '눈 목(目)' 자, 그리고 '마음 심(心)' 자가 합쳐진 글자이다. 이것은 '해로운 일을 하지 못하도록 잘 살피고 마음 깊이 생각해야 하는 법', 더 나아가서는 '으뜸 가는 법'이라고 해석할 수 있다. 즉, 헌법이란 한 국가의 최고 상위법을 말한다.

국가가 구성되려면, 국가의 구성원 모두가 합의한

원칙은 무엇인지, 국가가 어떤 조직으로 구성되어 있는지, 국가의 국민들은 어떠한 권리와 의무를 가지는지, 국가의 대표인 대통령과 국회 의원은 어떤 방식으로 뽑을 것인지 등을 정하는 규칙이 필요하다. 헌법은 바로 이러한 내용을 담은 것으로, 쉽게 말해 국가의 구성과 조직, 국민의 기본권 보장에 대한 근본 규범이다.

우리나라 헌법의 정식 명칭은 '대한민국헌법'이며, 총 10개의 장과 130개 조문으로 이루어져 있다. 헌법 제1조는 '대한민국은 민주 공화국이다. 대한민국의 주권은 국민에게 있고 모든 권력은 국민으로부터 나온다.'이며 누구나 한 번쯤은 들어 봤을 만큼 유명하다. 이것이야말로 우리가 우리나라를 구성하는 가장 중요한 원칙으로 합의한 것이다. 또한 헌법 전문에는 다음과 같은 내용이 명시되어 있다.

대한민국은 3·1 운동으로 건립된 대한민국 임시 정부의 법통과 불의에 항거한 4·19 민주 이념을 계승하고 조국의 평화적 통일의 사명에 입각하여 정의·인도와 동포애로써 민족의 완결을 공고히 하고……

이 내용에 따라 우리나라는 일제 강점기에 독립운동 가들이 1919년 건립한 임시 정부에서 시작되어 독재 정권에 맞선 민주 투사의 정신을 이어받으며 평화 통일을 지향하기로 합의를 이룬 점을 알 수 있다.

우리나라 헌법의 역사

대한민국 헌법은 1948년 7월 12일 국회에서 제정되어 같은 달 17일부터 시행되었다. 우리나라의 국경일 중 하나인 제헌절이 이 헌법 공포를 기념하는 날이다.

헌법의 변천 과정을 살펴보면, 2021년 현재까지 헌법은 총 아홉 차례에 걸쳐 개정되었다. 이렇게 헌법을 개정하는 것을 '개헌'이라고 하는데, 1~2차 개헌은 이승만 정부 시기에 이루어졌다. 장기 집권을 염두에 둔 개헌으로 주로 대통령의 중임 제한을 철폐하는 내용이었다. 3~4차 개헌은 4·19 혁명 이후 대통령의 권력 분산을 위해 의원 내각제를 도입하고 부정 선거를 처벌할 수 있도록 과도 정부 시기에 이루어진 개헌이며, 5~7차 개헌은 박정희 정부의 출범과 더불어 대통령의 권한 강화와 장기 집권을 위해 연임 제한을 없애는 방향으로 이루어졌다. 그리고 8차 개헌은 유신 체제가 무너지고 정권을 잡은 신군부 세력이 7년 단임제의 대통령을 간접 선거로 선출하는 내용으로 이루어졌고, 마지막으로 9차 개헌은 6월 민주 항쟁 이후 국민들의 요구에 따라 5년 단임제 대통령을 직접 선거로 선출할 수 있도록 명시했다.

9차 개헌 이후 무려 30년이 넘는 시간 동안 헌법은 개정되지 않았고 지금까지 이어지고 있다. 30년이면 한 세대가 지났다고 할 만하다. 그래서 최근에는 한 세대 동안 바뀐 우리 사회의 가치를 담는 방향으로 헌법을 개정해야 한다는 목소리가 나오고 있다.

2016년 국회에서는 헌법개정특별위원회를 만들고 인터넷 사이트를 개설해 국민들의 의견을 받아 개헌안을 의논하기도 했다. 이에 국가인권위원회, 대한변호사협회, 시민단체 등 여러 단체에서도 개헌안을 제시했고, 거기에는 5년 동안만 재직할 수 있는 5년 단임제의 대통령 임기를 4년씩 두 번 할 수 있는 4년 중임제로 수정, 지방 자치 단체의 자치입법권 강화, 국민 주권 강화, 사형제 폐지, 인권 국가 지향, 경제 민주화 강화 등 많은 가치들이 담겨 있었다.

아직 10차 개헌은 이루어지지 않았지만, 헌법을 바꾸는 일은 국민에게 아주 중요한 일이다. 우리 세대의 헌법이 어떤 가치를 담아야 할지는 분명 우리 모두가 깊게 고민해야 할 문제이다.

헌법이란 국가의 구성과 조직, 국민의 기본권 보장에 대한 근본 규범을 정하는 한 국가의 최고 상위법. / 헌법 전문을 통해 우리나라는 1919년에 건립된 임시 정부에서 시작되어 독재 정권에 맞선 민주 투사의 정신을 이어받으며 평화 통일을 지향한다는 점을 알 수 있음. / 현행 헌법은 아홉 차례 개정을 거듭한 결과이며 이제 10차 개헌에 대한 논의가 이루어져야 할 때임.

소수자 혐오

인권 분야를 오랫동안 연구했던 한 대학교수는 혐오를
소수자를 차별하거나 배제하려는 의도가 있는 표현이
라고 말한다. 혐오는 소수자를 기피하고 싫어하는 감정
등이 포함된 개념이라는 것이다. 중요한 것은 바라보는
입장이나 시선에 따라 누구나 소수자가 될 수 있다는
점이다.

소수자는 선천적으로 정해져 있지 않다. 후천적으로
도 얼마든지 소수자가 될 수 있으며 자신이 원하지 않

는다고 해서 바꿀 수 있는 것도 아니다. 가령 우리나라에서 다문화 가정의 자녀는 소수자가 된다. 지방에서 태어난 사람이 서울로 이주만 해도 소수자의 경험을 하게 되는데, 특히 억양이 강한 사투리를 쓰는 경우 말투가 다르다는 이유만으로 소수자가 되어 종종 놀림거리가 될 때도 있다. 이뿐 아니라 건강이나 종교적 이유로 채식을 하는 직장인도 회사에서 소수자가 된다. 식사 메뉴로 대개 고기를 선택할 때가 많기 때문이다. 이처럼 소수자는 어디에나 늘 있기 마련이다. 문제는 소수자라는 이유로 그들을 배척하고 혐오하는 태도이다.

혐오를 조장한 대표적 인물

역사적으로 혐오를 조장했던 인물 중 결코 빼놓을 수 없는 사람은 2차 세계 대전을 일으켰던 독일의 아돌프 히틀러Adolf Hitler이다. 히틀러가 청년일 때 1차 세계 대전이 일어났고, 그는 이 전쟁에 참전하게 되었다. 그런데 1차 세계 대전에서 독일이 패배하게 되면서부터 그는 유대인에 대한 극심한 혐오를 갖게 된다. 당시 유대인들 중에는 독일에서 은행, 주식 시장, 언론 등을 소유한 부자들이 많았지만, 패망한 독일을 재건하는 데에는 도움을 주지 않았다고 생각한 것이다. 게다가 독일인들이 자본 시장을 장악하고 있는 유대인들과 결혼할 경우 독일이 유대인들에게 통째로 넘어갈 것이라고 판단했다.

히틀러는 유대인에 대한 혐오 감정을 가진 채 정치에 뛰어들어 이러한 사상을 숨기지 않고 오히려 자신의 정치적 자산으로 내세웠다. 그렇게 히틀러는 1933년 1월 나치당의 대표로 독일의 총리가 되었고, 이때부터 본격적으로 유대인들을 탄압하기 시작했다. 초반에는 독일인들에게 유대인들을 대상으로 폭행, 불매 운동, 약탈을 할 것을 부추겼고, 이후에는 유대인들을 독일인들에게서 분리시키기 위해 '뉘른베르크법'을 제정했다. 이 법은 '유대인은 독일의 시민이 될 수 없으며 투표권을 행사할 수 없고 공직에 몸담을 수도 없다.'고 규정하는 것이었다.

심지어 2차 세계 대전을 일으킨 후에는 유대인들을 수용소에 가두고, 600만 명을 학살하기에 이르렀다. 인류 역사상 가장 끔찍한 혐오 범죄를 일으킨 것이다.

독일은 1·2차 세계 대전을 일으킨 것과 히틀러라는 잘못된 사상을 가진 지도자를 배출하고 수많은 사람의 생명을 빼앗은 과거사에 대해 현재까지도 반성하고 참회하고 있다. 단지 유대인이라는 이유로 그토록 무시무시한 차별을 받고 잔혹한 학살의 대상이 되어야 했던 역사를 생각해 보면 혐오가 얼마나 위험한 감정인지 쉽게 이해할 수 있을 것이다.

종교 혐오

종교에서도 혐오 현상은 흔하게 일어난다. 종교의 차이로 인한 혐오 감정이 특히 위험한 것은 감정이 곧 물리적 공격의 원인이 되는 경우가 많기 때문이다.

팔레스타인과 이스라엘 접경 지역에서 수십 년간 일어나고 있는 크고 작은 전쟁의 배경에도 종교 간의 혐오가 있다. 현재 이스라엘이 차지하고 있는 땅은 기원전 100년경 로마 식민지가 되어 유대인들이 극심한 탄압을 받았던 곳이다. 유대인들은 이곳에서 유대 독립 전쟁을 일으켰지만 전쟁에서 패배하여 전 세계로 흩어졌고, 이후 팔레스타인 지역은 유대교, 기독교, 그리스교가 함께 사는 곳이 되었다.

그런데 1차 세계 대전이 발발하면서 영국은 전 세계 유대계의 지원을 받기 위해 1917년 당시 외교장관이었던 아서 밸푸어 Arthur James Balfour가 영국의 유대계 유력 인사인 월터 로스차일드 Walter Rothschild에게 '팔레스타인에 유대인의 본국 설립을 긍정적으로 여기며 이 목표 실현이 가능하도록 최선의 노력을 기울일 것입니다.'라는 내용을 담은 서신을 보냈다. 이것을 '밸푸어 선언'이라고 하는데, 이 서신으로 인해 팔레스타인 지역은 전쟁터로 변하고 말았다. 그동안 다양한 종교를 가진 사람들이 공존하는 공간이었던 이 지역이 밸푸어 선언을 계기로 유대인들의 지배하에 놓이게 된 것이다.

이에 반발한 이슬람교의 아랍 국가들과 이스라엘 간 전쟁이 발발했고, 이 전쟁에서 승리한 이스라엘은 원래 팔레스타인에 살고 있던 사람들을 서안과 가자 지역으로 강제 이주시켰다. 한때는 고립되고 탄압받았던 유대인들이 이 지역을 차지하면서 팔레스타인 사람들을 자신들이 당한 것과 똑같이 대했던 것이다. 이 비극적 역

사의 아이러니는 현재까지도 진행되고 있으며 종교 간
혐오의 대표적인 사건으로 꼽히고 있다.

여성 혐오

2016년 5월 17일 강남역 근처에 있던 노래방 화장실에
서 한 남성이 일면식도 없는 여성을 칼로 찔러 살해한
사건이 발생했다. 이 사건을 두고 살해에 대한 어떤 원
인이 존재하지 않았다는 점에서 여성 혐오 범죄가 아니
냐는 논쟁이 일어났다. 당시 가해자가 "평소 여자들에게
무시를 많이 당해 왔는데 더 이상 참을 수 없어 범행을
저질렀다."라고 진술했기 때문이다. 이후 강남역 10번 출
구에서 수많은 시민들이 피해자 추모 시위를 벌였고 사
회에 만연하는 여성 혐오를 비판하는 피켓이 등장하기
도 했다.

　이 사건 외에도 단지 여성이라는 이유만으로 혐오
범죄의 대상이 된 피해자들은 셀 수 없이 많으며 그중
에는 목숨을 잃은 사람도 적지 않다.

　그럼에도 불구하고 일부 커뮤니티에서는 여전히 여

성 혐오 의도가 담긴 게시물을 공유하며 왜곡된 인식을 조장하고 있다. 또한 여성 혐오를 반대하는 사람들을 노골적으로 조롱하기도 한다.

그러나 앞에서도 언급했듯이 혐오는 단순한 감정으로 끝나지 않고 행동으로 이어질 가능성이 크다. 따라서 더 큰 사회적 문제가 발생하기 전에 혐오와 차별을 조장하는 일부 커뮤니티들을 어떻게 처리하고 관리해야 할지 고민이 필요한 때이다.

지역 혐오

과거 우리 사회는 지역 간의 갈등이 심각한 문제가 되기도 했었다. 특히, 경상도와 전라도의 갈등이 심했다.

권위주의 시대에 전라도는 수많은 피해를 입었다. 1980년 5월 18일 광주 민주화 운동 당시 수백 명의 광주 시민들이 군인들이 쏜 총에 맞아 사망했던 사건이 대표적이다. 이 사건은 2017년 개봉한 영화 〈택시운전사〉나 한강 작가의 소설 〈소년이 온다〉에도 잘 묘사되어 있다. 그런데 5·18 광주 민주화 운동 이후 광주는 사회에서 엄청난 탄압과 차별을 받게 된다. 광주 혹은 전라도 출신이라는 이유로 취업이나 각종 승진에서 불이익을 당하기도 하며, 지역 혐오의 대명사가 되어 버린 것이다.

당시 일부 정치인들은 자신들의 집권을 정당화하기 위해 5·18 광주 민주화 운동의 정신을 폄하하며 전라도 지역 전체를 비하했고, 그들의 발언은 마치 사실인 양 퍼져 나가 왜곡된 시선으로 전라도를 평가하는 사람들이 많아졌다. 전라도에 대한 좋지 않은 인식을 가지고 있던 지역 중 한 곳이 바로 경상도였고, 이는 곧 정치적 갈등으로까지 이어졌다.

결국 1996년 1월 검찰은 전두환, 노태우 등 5·18 사건의 관련자들을 내란죄 및 내란목적살인죄의 혐의로 구속 기소했다. 1심 법원은 12·12 군사 반란, 5·17 내란, 5·18 광주 민주화 운동 유혈 진압 등의 혐의로 사형 판결을 내렸지만, 2심에서 무기 징역으로 확정했다. 형벌이 바뀌기는 했지만, 5·18 광주 민주화 운동에 대한 그의 범죄 행위는 명백하다는 판결을 내린 것이다.

그러나 1997년 12월, 역사적 화해라는 명분으로 김영삼 대통령과 김대중 대통령 당선인의 합의로 전두환과 노태우는 사면되었다. 사면이란 죄를 용서하여 기소나 형벌을 면제한다는 뜻일 뿐, 범죄 행위에 대한 무죄를 인정하는 것이 아님에도 불구하고 역사적·법률적 평가가 끝난 현재까지도 5·18 광주 민주화 운동의 정신을 훼손하는 일들이 벌어지고 있다. 뿐만 아니라 사건을 바라보는 왜곡된 시각은 지역 혐오까지도 낳고 있다.

지금은 혐오 감정이 특정 대상에 대한 비하나 차별로만 나타나고 있지만, 이것이 심화되면 전쟁과 테러로 발전할 가능성도 충분히 있다. 따라서 단순한 지역 갈등으로 치부할 것이 아니라, 왜곡된 사실이나 의식을 바로잡아 큰 불행의 씨앗이 싹트지 않도록 경각심을 가져야 할 것이다.

혐오란 소수자를 기피하고 싫어하는 감정. / 2차 세계 대전을 일으킨 아돌프 히틀러는 인종 차별을 조장하며 특히 유대인에게 용납할 수 없는 범죄 행위를 저지른 인물. / 종교 간의 혐오 감정은 물리적 공격의 원인이 되기도 함. / 여성 혐오에 의한 범죄는 사회에 만연하고, 일부 커뮤니티에서는 이와 같은 혐오 감정을 부추기기도 함. / 특정 지역 혐오를 해소하기 위해서는 왜곡된 사실이나 의식을 바로잡을 필요가 있음.